T0043227

¿POR QUÉ MIS PADRES NO ME AMAN?

¿POR QUÉ MIS PADRES NO ME AMAN?
Empezando a sanar

Raquel Guerrero

¿POR QUÉ MIS PADRES NO ME AMAN?

Portada: Víctor M. Santos Gally

Primera edición en Terracota: febrero de 2022

© 2022, Raquel Guerrero
© 2022, Editorial Terracota bajo el sello PAX

ISBN: 978-607-713-282-0

DR © 2022, Editorial Terracota, SA de CV
Av. Cuauhtémoc 1430
Col. Santa Cruz Atoyac
03310 Ciudad de México

Tel. 55 5335 0090
www.terradelibros.com

2026   2025   2024   2023   2022
   5   4   3   2   1

Índice

Con amor
para mis padres,
Alfonso y Raquel,
porque ellos también fueron hijos.

Para Adriana, Rebeca, Alejandra,
mis queridas hermanas y compañeras de vida.

Y para Tello,
porque más allá del dolor
siempre existirá el amor.

AGRADECIMIENTOS

A Alberto, mi amado hijo, porque tú sabes el camino que hemos recorrido los dos para llegar aquí. Por esa fortaleza de espíritu guerrero que has demostrado para ayudarme a escribir y salir adelante con mis libros. Por tu tenacidad y conocimiento. Por ser mi maestro. Porque sé muy bien que sin ti no lo hubiera logrado. Porque me has enseñado que el amor siempre está ahí.

A Cynthia y Jorge, mis hijos amados, por su sabiduría y su infinita paciencia hacia mí. Por su amor incondicional, más allá de lo que soy capaz de comprender. Por elegirme a mí como su madre. Porque pueden amar y ser amados.

A Danú, por decirme que sí, pero no. Por transmitirme lo que esperabas de mí, por no dejarme claudicar. Por hacerme creer que puedo lograrlo. Porque con tus palabras sabias has guiado este libro.

A Gerardo, por confiar en que mi pluma puede escribir algo mejor. Por creer en mí.

A Normita querida, por tu amistad que para mí es inconmensurable.

¡Gracias, siempre!

Cómo leer este libro

1. Este es un libro que escribí para ti con amor, para que superes el dolor que te ocasionó que tus padres no te amaran. Aquí encontrarás muchas ideas que te servirán de apoyo para tu crecimiento. Sin embargo, toma este libro solo como una guía de autoayuda. De ningún modo sustituye la consulta a un profesional: dado que el maltrato de los padres a los hijos puede tener consecuencias para toda la vida, considera la necesidad de acudir con el especialista.

2. Tanto los datos como los comentarios y los casos mencionados en este libro son reales. Únicamente he cambiado los nombres para proteger la privacidad de los implicados.

3. En español no existe una palabra que designe a padres y madres, e hijos e hijas. Por eso, y con mucho respeto, utilizo el término "padres" para hablar de forma general tanto del padre como de la madre. Del mismo modo, cuando menciono "hijo" me refiero tanto a los hijos como a las hijas. Por último, para lograr la fluidez en la lectura, utilizo los términos en género masculino, aunque dirijo mi mensaje a hijas e hijos por igual.

4. Encontrarás a lo largo del libro diferentes frases. Utilizo "Para reflexionar" con el propósito de que dediques un poco más de tiempo a analizar el tema que en ellas se plantea. Hallarás también "Reflexiones de paz", cuyo propósito es plantear una perspectiva desde la base del amor. Puedes detener la lectura, mirar tu vida, analizar sus palabras. Para mayor efectividad, si gustas, puedes anotar tus conclusiones.

5. También vas a encontrar muchas "Afirmaciones de amor", solo tienes que repetirlas con fuerza, sintiendo vibrar cada palabra en tu interior.

Incluso sugiero memorizar tus afirmaciones favoritas para repetirlas cuando sientas que lo necesitas. Estas frases te darán fortaleza y te ayudarán a tener un pensamiento de amor hacia ti, con lo que lograrás sentirte bien contigo mismo. Repítelas cuantas veces consideres necesario, tanto en voz alta como de forma mental, permitiéndote sentir amor en tu interior.

6. Este libro no reemplaza el trabajo terapéutico, más bien lo complementa. Aunque te ayudará a sentirte mejor, la resolución depende de ti, del esfuerzo que hagas por sentirte mejor.

7. Este libro es un apoyo para revisar tu interior. Mira tu ser con amor. Sé bueno contigo, no te juzgues. De esta forma podrás llegar un estado abierto, de aprendizaje.

8. Tómate tu tiempo, lee con calma. Reflexiona, ríe, llora. Subraya, escribe tus pensamientos. Quédate solo con lo que necesites, con lo que funcione en beneficio tuyo, lo demás déjalo fluir.

Prólogo

Tengo el honor de prologar el libro *Por qué mis padres no me aman*, después de haberlo hecho también con su anterior obra, *Por tus hijos te conocerán* de Raquel Guerrero. Aquí la autora vuelve a interesarse —e interesarnos— por la educación de los hijos, un tema siempre candente y de permanente actualidad. Mientras que en su obra anterior se refiere a la educación de los hijos, de un modo más genérico, en este nuevo y fecundo libro toca un tema muy frecuente, penetrando en el interior de un agujero negro que todos conocemos, pero del que pocas veces se habla de manera clara: el desamor de los padres hacia los hijos como forma de maltrato infantil.

La obra de Raquel Guerrero no dejará indiferente a ningún lector, sea padre, madre, hija o hijo; pues, de un modo más o menos próximo, todo el mundo conoce entornos familiares donde los padres no aman a sus hijos. El libro es un alegato valiente y contundente, que toca un tema que con frecuencia se mantiene oculto, y que ha estado y sigue estando presente en todas las civilizaciones y culturas.

Sin intentarlo, la lectura de cada una de sus páginas activa lo más profundo de nuestro sistema emocional, situado en las áreas límbicas del interior del cerebro. Resulta muy difícil leer este libro solamente con la razón o como un simple recetario de buenas prácticas para entender y curar el desamor paterno-filial; sin embargo, aunque solo fuera así, el libro cumple su objetivo. *Por qué mis padres no me aman* palpa en las heridas que produce el daño psicológico en la infancia, infligido por los propios padres. La lectura de esta obra nos invita a la reflexión y a la toma de posición; incluso es posible que muchos lectores rememoren situaciones de desamor, negligencia o maltrato ocurridas en su propia vida.

El maltrato infantil no es un asunto baladí ni tampoco reciente; constituye un problema de enorme magnitud que afecta a un amplio número de niños y niñas en todo el mundo. Según datos aportados por la Organización Mundial de la Salud (OMS) y el Fondo de las Naciones Unidas para la Infancia (UNICEF), se estima que anualmente 275 millones de menores son víctimas de maltrato, cifra que va en aumento año tras año. El maltrato infantil es una lacra social ampliamente distribuida que afecta a niños y niñas de todas las clases sociales, religiones, razas y culturas. El dato más llamativo y preocupante es que el maltrato se produce frecuentemente dentro del propio hogar por parte de los padres, precisamente en un espacio que debería ser de protección, afecto y respeto de sus derechos.

El maltrato provoca intensas —y con frecuencia imborrables— secuelas psicológicas en los niños y niñas que lo padecen. Sin embargo, también hay que considerar la dimensión neurobiológica del problema, ya que las condiciones de estrés que acompañan al niño sometido a maltrato provocan alteraciones permanentes en la delicada maquinaria cerebral. De esta manera, la neurociencia ha confirmado que existe un mayor riesgo de deterioro cerebral cuando se produce el maltrato continuado. Algunas estructuras cerebrales clave para la memoria, como el hipocampo, pueden resultar con lesiones permanentes como consecuencia del estrés crónico que experimentan los infantes maltratados.

El maltrato hacia la infancia ha existido desde épocas remotas, incluso como forma habitual de castigo; se consentía en que los padres educaran de esta manera a sus hijos, pues eran considerados como una propiedad de los padres. Afortunadamente desde hace ya algunos años, se ha empezado a cuestionar la naturaleza de tales concepciones y cada vez existe un mayor consenso sobre la necesidad de reivindicar los derechos del niño en contra de la violencia y el maltrato. Así, cada vez más situaciones de maltrato y abuso infantil son denunciadas ante las autoridades y organismos competentes. Sin embargo, la defensa formal de los intereses del niño es un logro relativamente reciente de nuestra sociedad, ya que hubo que esperar al año 1959 para que fuera aprobada la Declaración de los Derechos del Niño por las Naciones Unidas.

En dicha declaración se plantea —entre otros aspectos— la necesidad de que los niños puedan desarrollarse física, mental, social y moralmente con libertad y dignidad. En concreto, el punto sexto de la declaración afirma que "los niños tienen derecho a la comprensión y al amor de los padres y de la sociedad".

Sin embargo, esta premisa no siempre se cumple, ya que el número de niños que sufren maltrato, o simplemente los que no son queridos por sus padres, se asemeja a un iceberg, del que solamente percibimos una pequeña parte de su masa, pero que en la profundidad invisible aglutina muchos casos de maltrato que nunca salen a flote. En una memorable obra satírica del Siglo de Oro español *El diablo cojuelo,* de Luis Vélez de Guevara, el demonio levanta los tejados y entra en el interior de las casas, contemplando a sus moradores en la intimidad, tal como son, con todos sus vicios y cualidades. Lamentablemente en la realidad nadie penetra en la intimidad de los hogares ajenos y precisamente es ahí donde se fragua el maltrato infantil, aun cuando en la mayoría de las ocasiones no tenga resonancia en el exterior.

El lector puede presuponer que el tema del maltrato no es tan dramático como parece, pero la realidad es otra. Ciertamente hoy en día existen menos situaciones extremas de maltrato, como el físico o sexual, pero no podemos ignorar los casos en los que el niño es repudiado, insultado o marginado. Lo peor es que cuando se produce este tipo de maltrato sutil no se le concede importancia, cuando en realidad toda forma de maltrato contra el hijo produce daño irreparable, especialmente cuando se convierte en maltrato crónico.

La psicología clínica tiene un amplio conocimiento del tema que aborda Raquel Guerrero en su excelente libro: muchas personas que presentan problemas emocionales o de personalidad en la edad adulta fueron hijos educados en el desamor, sufriendo las consecuencias de un entorno familiar *tóxico* que les impidió tener un desarrollo saludable de su personalidad. Muchos adultos con enfermedades mentales fueron educados de un modo tendencioso, sin apego, o bien con un sentimiento de rechazo hacia ellos por parte de sus padres. Por desgracia, en estos casos se puede afirmar que *los hijos son el síntoma de una enfermedad llamada padres.* A los psicoterapeutas nos corresponde sondear en el subsuelo de las emociones; sabemos fehacientemente que en el sótano de muchos trastornos psicopatológicos subyacen infancias infelices y atormentadas que han generado adultos insatisfechos y con un precario equilibrio emocional.

La pregunta capital que vertebra el libro es: ¿existen las familias tóxicas? La respuesta es contundentemente afirmativa; son numerosas las familias y los padres que son incapaces de querer a sus hijos. Hay muchas formas de maltrato infantil, algunas son sutiles, pero no por eso menos crueles. Y es que, mientras el maltrato físico es evidente al dejar secuelas en el cuerpo, el maltrato psicológico, en sus muchas formas, deja secuelas en el cerebro y en el alma.

En el plano formal hay que destacar que la autora emplea un lenguaje claro, muy conciso y didáctico, lo que facilita enormemente la lectura. No es un libro que pretenda moralizar a nadie, sino que a lo largo de sus 10 capítulos va describiendo las distintas patologías, las distintas formas de desamor hacia los hijos. Ya desde las primeras páginas se define su contenido, cuando afirma: "Se supone que los padres deberían amar a sus hijos y que sus sentimientos deberían ser profundos e incalculables". Y es aquí donde empieza el primer error, la primera confusión, pues no todas las familias son estables ni equilibradas, ni todos los padres tienen el carnet de educadores perfectos. Los apartados que la autora dedica a la reflexión no son simples recetas de un sencillo libro de ayuda psicológica. Son mucho más que eso, ya que plantea preguntas que solamente cada lector puede responder o propuestas que cada uno debe llevar a cabo, desde su propia experiencia personal. Las reflexiones que la autora hace a lo largo del libro son contundentes y nos obligan a posicionarnos: "Mis padres se unieron para darme la vida. Concebirme no los volvió perfectos".

En el libro se intercalan breves comentarios biográficos de distintas tipologías de hijos del desamor, que facilitan el interés y la mejor comprensión de los temas expuestos. La lectura de muchos de estos casos puede resultar familiar, como una especie de *déjà vu*, que nos retrotrae a un pasado infeliz experimentado por numerosos lectores. Efectivamente, en cada capítulo se encierran afirmaciones que a veces sorprenden y que pueden verse retratadas en las páginas del libro; sin embargo, es posible que los padres maltratadores no sean conscientes del daño que han infligido a sus hijos y traten de negar el problema o buscar justificaciones. En cualquier caso *Por qué mis padres no me aman* funge como un gran espejo, donde cada uno podrá contemplar los estigmas del desamor en la infancia. Si todos los capítulos del libro encierran reflexiones sinceras, profundas y de gran utilidad, los últimos capítulos de la obra son particularmente interesantes porque proponen soluciones y formas de afrontar el duelo cuando un hijo no ha recibido el amor de sus padres.

Existe una frase de Albert Einstein: "No pretendamos que las cosas cambien si seguimos haciendo lo mismo, la crisis es la mejor bendición que puede ocurrir a personas y países porque la crisis trae progreso", al hilo de esta sabia reflexión añado: debemos educar de otra manera a nuestros hijos, asumiendo que a veces los padres nos comportamos de modo inadecuado, comprometiendo su bienestar emocional. Pero precisamente al reconocer nuestros errores, podemos transformar la situación de crisis en un proceso de sanación, mejorando la forma de educar y evitando el sesgo del desamor a los hijos. Y este es uno de los mayores valores del libro: asumir que muchas veces hemos errado al educar, iniciando así el camino de la transformación. Raquel Guerrero afirma: "Cuando la realidad sea contundente y no quede más remedio que aceptar que la grandeza del amor de padres no existe, porque tus padres no aman así, empiezas un camino de crecimiento". ¿Acaso no deseas, aunque sea solo una vez, que tu padre o madre te demuestre que te ama? La lectura de este magnífico libro puede facilitar el cambio, identificando el trauma y transformando la experiencia vivida, mediante el perdón.

En suma, *Por qué mis padres no me aman* es un libro necesario, contundente, ágil y de gran utilidad para un nutrido número de lectores. Su lectura llevará a la reflexión y al cambio en las actitudes de muchos padres que —conscientes o no— son tóxicos y maltratadores con sus hijos. Este también es un libro muy útil para que aquellos que han sufrido el desamor de sus padres, entiendan el problema y puedan iniciar su propio proceso de salud emocional.

Dr. José Antonio Portellano Pérez
Psicólogo Clínico
Profesor Titular de la Universidad Complutense de Madrid

INTRODUCCIÓN

Desde muy joven muchas veces escuché que el amor de una madre y de un padre es extraordinario, más allá de todos los límites conocidos. Eso elevó mis expectativas hacia este amor por todo lo alto. Hoy, con dolor he descubierto que los padres no aman así. Su amor es humano, conformado por esa amalgama de sentimientos, pensamientos y reacciones que distinguen al género humano. El amor de los padres puede transmitir amor solo cuando el padre está pleno de él; pero cuando esto no sucede, que es la mayoría de las veces, transmite a sus hijos dolor, miedo, inseguridad y rechazo.

En cambio, el amor de un hijo hacia sus padres es algo que no se ha sabido valorar. Los hijos son capaces de un amor fuerte y maduro; con todo, hay ocasiones en que son malagradecidos y dejan en el abandono a sus padres. Sin embargo, antes de juzgar debemos preguntarnos las razones por las que han procedido así. Aquí veremos que el abandono de un hijo a sus padres es, la mayoría de las veces, solo la consecuencia de la falta de amor que ellos mostraron hacia él. Si un hijo no acude a su padre, si no lo protege y cuida en su vejez, es porque el padre así le enseñó a hacerlo a través de su incapacidad para comprometerse y amar a su hijo incondicionalmente.

Los hijos representan al tipo de padres que han tenido y no se les puede exigir algo que no se les ha enseñado. Los hijos son los frutos del árbol que sus padres fueron para ellos. Si hubo irresponsabilidad y desatención por parte de los padres; si hubo golpes, gritos, rechazos, incluso abuso sexual y un trato cruel y poco digno, la consecuencia serán las acciones de los hijos. Pues es imposible cosechar amor donde se ha sembrado dolor, miedo y enojo. En cambio, todo aquel padre que haya puesto su voluntad en amar a sus hijos no tiene de qué preocuparse, ellos le corresponderán con amorosos cuidados.

Un hijo amado, al crecer, se convierte en un padre amoroso y comprometido en entregar lo mejor de sí a sus hijos. Asimismo, un hijo no amado será incapaz de amarse a sí mismo y, menos aún, a sus hijos. Ellos solo obtendrán la misma dosis del dolor que recibieron sus padres cuando eran pequeños y dependían de sus propios padres. Esta cadena fatal se repite en cada generación, hasta que un hijo decide amarse a sí mismo, comprender a sus padres y detener esa herencia de dolor; así sana la relación con sus padres y con él mismo. Si tú eres ese hijo, este libro te va a ayudar a dejar de vivir en el dolor ocasionado por el maltrato que te dieron tus padres. Te ayudará a cambiar tu historia.

No obstante, cabe aclarar que como hijo no estás obligado a ser tú quien sane la relación con tus padres; tampoco a la reconciliación ni a la comprensión. Si al final de la lectura te mantienes en la misma posición que al empezarlo, eso no significará que serás un mal hijo. El fracaso no tiene cabida aquí. Tú puedes sanar cuando gustes, cuando estés listo para ello, en libertad.

Si tu elección es sanar, este libro te habla de cómo aliviar el dolor en el que has vivido a causa del desamor de tus padres. En sus páginas encontrarás la razón de tu dolor y también la manera de dejar de sufrir. El camino que vas a recorrer no vas a hacerlo solo. Estaré contigo para enfrentar cada momento, por eso he incluido "Afirmaciones de amor" que te ayudarán a sentirte fuerte mientras vas sanando. También hay reflexiones, sugerencias para sanar y diferentes ejercicios que te invito a leer con calma antes de realizarlos. Algunos te permitirán tener una perspectiva diferente de los sucesos que han marcado tu vida. Otros te conducirán a beneficiar la relación que tienes con tus padres, calmando tu sufrimiento. Lo mejor será que podrás adquirir una visión nueva de ti como hijo y como ser humano. Verás que puedes cuidar de ti, sin necesidad de esperar a que tus padres cambien y te demuestren amor, pues ahora el amor surgirá de ti.

¿Cómo te sientes en la relación con tus padres?

Desde que somos niños, a los hijos se nos inculca que hay que amar y respetar a los padres por encima de todo. Se nos exige ser buenos hijos, porque nuestros padres, solo por el hecho de serlo, merecen el mayor respeto, sin cuestionamientos ni quejas de nuestra parte. De no hacerlo seremos juzgados como malas personas, como hijos ingratos. Asimismo, si al crecer nuestro comportamiento no es socialmente correcto, entonces se dirá que nuestros padres sufren por causa nuestra. Esto se debe a que por lo regular al padre se le exime de toda responsabilidad, sin analizar las consecuencias que su forma de educación tuvo en sus hijos. No importa si los padres maltratan a sus hijos, al final el hijo suele ser señalado como culpable o mal hijo.

No es sencillo reconocer los sentimientos que surgen en nosotros como hijos maltratados, pues nos generan vergüenza y culpa. Estos sentimientos —como enojo, decepción, resentimiento—, acaban escondidos en lo más profundo de nuestro ser, generándonos miedo, desconfianza, baja autoestima y hambre de amor, lo que nos impide vivir felices y en paz. Reconocerlos sin juzgarnos o sentirnos mal por ellos puede ser un trabajo de toda la vida; sin embargo, para sanar es importante hacerlo.

Te propongo realizar la siguiente actividad que te ayudará a conectar con tus emociones más profundas para que puedas escucharlas y, a la vez, revises la relación que mantienes con tus padres. El primer paso para sanar es reconocer el dolor y a través de este ejercicio empezarás a hacerlo.

Ejercicio

Señala si en algún momento te has sentido identificado con alguna de las siguientes situaciones:

- Te gustaría disfrutar la relación con tus padres.
- Extrañas a tus padres pero su presencia es motivo de conflictos.
- Tienes miedo o te enojan sus reacciones o sus palabras.
- Te frustra que no muestren interés en mejorar su trato hacia ti.
- Tu vida se ve afectada por tu relación con tus padres.
- Estás convencido de no amar a uno de ellos o a ambos.
- No te importa lo que ocurra en sus vidas.
- Sientes que pisotean tu dignidad.
- Te gustaría sentirte mejor hijo o hija.
- A veces te preguntas por qué tus padres no te aman.

Cuando un hijo no fue amado por sus padres suele responder afirmativamente a varias de estas preguntas. Los padres que no saben amar dejan heridas profundas en sus hijos; a su vez, los hijos tienen dificultades para mantener una relación sana y estable con ellos, debido a las carencias del trato recibido. Estos padres hieren a sus hijos y les generan una inmensa necesidad de amor y, si esto no se detecta a tiempo, termina entorpeciendo el éxito en la vida.

Si has respondido "Sí" a la mayoría de las preguntas, este libro va a ayudarte a sanar esa inmensa necesidad de sentirte seguro y amado. En sus páginas aprenderás a:

- Aceptar que tus padres no son perfectos, sin que asuman haberte herido.
- Deshacer las expectativas que te ocasionan sufrimiento.
- Obtener una perspectiva diferente de tu fortaleza.
- Dejar de depender del otro para ser dueño de ti.
- Confiar en ti para ser libre.
- Amarte.

¡Bienvenido!

PARTE 1

SENSATEZ

Capítulo 1

La realidad de ser padre

Concebir el amor de los padres como el más grande y extraordinario genera expectativas imposibles de alcanzar.

La odio, la odio con todas mis fuerzas. Lo que me hizo
no se lo hacen las madres a sus hijas.
Ella sabía que se metía en mi cama por las noches y lo que me hacía.
¿A poco no se iba a dar cuenta de que su marido no estaba en su cama?
Pero prefirió seguir recibiendo el dinero que ese viejo le daba...
el pago por su silencio para poderme violar.
Vicky (52 años)

Los padres no siempre aman

Se supone que los padres deberían amar a sus hijos con sentimientos profundos e incalculables. El amor de los padres hacia sus hijos se ha idealizado hasta adquirir proporciones poco reales. Hemos escuchado que el amor maternal es perfecto; cientos de libros, canciones y poemas hablan de ello. Se cree que ser madre vuelve a una mujer casi una santa por sus sentimientos hacia su hijo y que ser padre transforma a un hombre, lo vuelve sabio, capaz de tomar las mejores decisiones para sacar adelante a su familia; como si tener un hijo fuera un pase mágico a la madurez y al amor. Del mismo modo se espera que el hijo tenga un amor devoto por sus padres, donde su obediencia y gratitud incondicionales se manifiesten

27

por encima de todo; un hijo que honre a sus padres, sin importar lo que de ellos haya recibido.

A su vez, un hijo espera de forma natural que sus padres lo amen, ser importante para ellos, su prioridad. Si tiene suerte, esto lo aprende cuando apenas es un recién nacido y lo consolida durante su primer año de vida. Mamá está ahí para él, satisfaciendo sus demandas de cuidado y cariño. Papá viene a reforzar esta opinión dando seguridad y confianza. Ambos sonríen a su hijo y festejan sus logros. Si no, comprenderá desde su más tierna edad que el amor de los padres no es tan perfecto como le han dicho, incluso creerá que los padres perfectos sí existen, pero que él no fue merecedor de su amor.

❖ Padres deslumbrantes

Cuando sí somos atendidos por nuestros padres, nos acostumbramos a la atención que nos dan en algún momento. Al llorar, unas manos suaves y cariñosas alivian nuestras penas al cargarnos. Si nos sentimos molestos e incómodos, las voces de nuestros padres nos dan tranquilidad. Nos acostumbramos a confiar en ellos. Ante el temor de que se alejen, buscamos sus brazos, corremos hacia ellos; su compañía nos provee seguridad y confianza, son lo máximo para nosotros, o al menos creemos que lo son. En nuestra inocencia somos incapaces de discernir entre amor y maltrato. Cuanto hacen nuestros padres nos parece bien.

Cuando somos pequeños, nuestros padres nos parecen maravillosos: papá es el hombre más fuerte e inteligente, mamá es la mujer más bella y bondadosa. Si alguien se atreve a ofenderlos, los defendemos; nos enfadamos hasta incluso llegar a los golpes. Nuestros padres aún no nos decepcionan y si lo hacen, no lo comprendemos y los justificamos. Pensamos que es culpa de los demás, o de nosotros mismos, si hacen algo que no los muestre tan perfectos como creemos que son. Si papá pelea, la culpa es de la otra persona. Si mamá se enoja, es porque la hicieron enojar. Si nos pegan, nos lo merecemos, por traviesos y desobedientes. Nuestros padres siempre tienen la razón.

Para reflexionar

✓ Necesito verlos sin juzgar, sin desear que hubieran sido de otro modo.
✓ Necesito descubrir quiénes son para comprender y liberar el dolor que me consume.

✓ Necesito valor para aceptar la realidad.

❖ **¿Por qué adquirimos esta imagen de ellos?**
A pesar de que los padres distan mucho de ser perfectos, a un hijo le es difícil visualizarlo. La confianza que generan los padres en él cuando respondieron a sus necesidades, alimenta esta idea. Esa confianza es indispensable cuando el hijo es pequeño, le da seguridad y le ayuda a formar vínculos. En esa etapa, los padres se vuelven nuestros ídolos cuando están atentos a resolver lo que nos provoca sufrimiento. Dentro de nosotros se forma la idea de que nuestros padres son perfectos y nos convencemos de que somos amados por encima de todo. No esperamos algo malo de su parte, por el contrario, nuestra admiración es tan grande que se convierten en nuestros héroes y queremos imitarlos. Por eso, cuando actúan contra nosotros, nos es imposible comprender que son ellos y sus carencias emocionales los que los llevan a actuar así. Por lo general nos culpamos, creemos que somos malos y merecemos el trato recibido. Es imposible imaginar que nuestros padres no saben amar. Asumir que somos hijos no amados es una de las pruebas más difíciles que podemos enfrentar.

❖ **Abrir los ojos**
Mientras dejamos la infancia atrás, nuestra comprensión del mundo aumenta y se concreta. Nuestros padres dejan de ser nuestros ídolos, descubrimos que no son tan perfectos como los imaginábamos. Observamos sus actos y rechazamos las actitudes que nos desagradan: Nos gritan y golpean. Nos dicen y hacen cosas que duelen. Nos atacan como si no sintieran amor hacia nosotros. Incluso pueden actuar con verdadera crueldad. A veces olvidan nuestra presencia y solo demuestran indiferencia hacia nosotros. Nos quieren hacer cómplices de sus errores, con lo que aprendemos a defenderlos aunque por dentro estemos sufriendo. Nos preguntamos cómo es posible que esto ocurra si se supone que su amor hacia nosotros debería ser incalculable. No entendemos por qué actúan como si no fuéramos sus hijos. El dolor que provocan nos llena de decepción y nos obliga a aprender a vivir sin su cariño. Este análisis de nuestros padres ocurre cuando no actúan con congruencia y se acentúa con cada desilusión que sufrimos. Sus conductas son incomprensibles para el hijo que tenía una imagen diferente de ellos. El amor deja de manifestarse, ahora todo es odio, violencia y miedo. No queda más que aceptar que es imposible que sean perfectos si causan tanto dolor.

❖ Los padres reales

Concebir el amor de una madre (o un padre) como el más grande y extraordinario genera expectativas difíciles de alcanzar. Esto es porque los padres reales, al igual que todos los seres humanos, son susceptibles de cometer errores. Convertirse en padre o en madre no significa alcanzar la madurez ni adquirir ternura y amor incondicional por sus hijos. Esta aseveración hace que los padres reales, con fortalezas y debilidades, queden cortos respecto al ideal que se ha concebido de ellos.

Tener un hijo no brinda una sabiduría inagotable, no siempre un padre hará lo mejor para su familia, aunque tenga buenas intenciones. Parir no transforma a la mujer, ella seguirá con sus propias inseguridades y temores. Si aprendió a amar antes de procrear a su hijo será capaz de amarlo y enseñarle a amar; de lo contrario, depositará en él solo lo que tiene y si hay dolor en su corazón, lo transmitirá inevitablemente. Actuará conforme a sus propias heridas y reaccionará de acuerdo con su historia y aprendizajes. Mostrará los sentimientos, pensamientos y reacciones adquiridos durante su propio crecimiento, incluyendo la forma en que sus padres influyeron en ella, además de las experiencias que moldearon su personalidad.

Para reflexionar

✓ Mis padres aman en la medida en que fueron amados. Su amor no es perfecto, y yo no necesito que lo sea.
✓ Solo en la medida en que sea capaz de comprender la realidad, seré capaz de amar.

No todos aquellos que se convierten en padres están en condiciones para hacerlo. Muchos sufren perturbaciones que se manifiestan al ejercer lesiones físicas y maltrato emocional hacia sus hijos, ya sea de forma deliberada o no.

Mi madre tenía 17 años cuando se embarazó de mí en una borrachera.
No supo quién fue mi papá. Crecí viéndola embriagarse todos los días.
Yo era un niño y no quería verla así. Me hizo prometerle que al crecer
la cuidaría, pero no tuve oportunidad de cumplirle.
Murió cuando yo tenía nueve años. La atropellaron; cruzó sin fijarse la calle.
Pienso que andaba buscando la muerte, por eso se atravesó.

Me dejó solo, nunca se interesó en mí.
Si me hubiera amado, mi madre hubiera podido salvar su vida.
Andrew (39 años)

Tener un hijo no transforma a sus padres

Tener un hijo no convierte a un hombre en un dechado de virtudes. Un hijo es solo una circunstancia de la vida, y aunque pueda generar deseos de mejorar y salir adelante, no transforma a quien no sabe dar amor. Una mujer manipuladora antes de ser madre, lo seguirá siendo cuando su hijo haya nacido. Un hombre violento antes de ser padre, será también violento con su hijo. Si uno de los padres no quería comprometerse, tampoco lo hará cuando su hijo haya nacido.

Cualquier debilidad que los padres hayan tenido antes de procrear a su hijo, la mantendrán después, porque un hijo no es una varita mágica.

Nadie cambia por el hecho de tener hijos. Lo único especial que puede suceder es que, una vez convertido en padre, uno se comprometa a ser una mejor persona. Sin embargo, cuando alguien quiere mejorar su situación, no necesita un hijo que lo impulse. Un hijo inspira a ser más responsable o más trabajador, cuando realmente quieren hacerlo y formar su familia sea su aliciente. Pero cuando no, será imposible que el nacimiento de un hijo por sí mismo, logre transformarlos.

Reflexión de paz

Los padres no son perfectos, de hecho distan mucho de serlo. Por más que nos gustaría haber sido prodigados con ese amor infinito del que tanto hemos escuchado hablar, a veces la realidad es diferente y esto duele. Sin embargo, ya estás en el camino que te llevará a conocerte mejor y a tener mayor control de tus pensamientos y emociones. Comprender tu pasado, con dolor incluido, te dará la fuerza para procurarte el presente que buscas. Los cambios que deseas llegarán a tu vida cuando empieces a reconocer que tus padres no son perfectos y solo te dieron lo que podían ofrecer. Si hay dolor en tu historia, tú eres el único que puede sanarlo. ¡Qué alegría descubrir que estar bien depende únicamente de ti!

Afirmaciones de amor

♥ Mis padres se unieron para darme vida. Concebirme no los volvió perfectos.

♥ Si mis padres no sabían amar antes de mi nacimiento, tampoco podrían saber hacerlo después.

♥ No importa cómo me concibieron mis padres, soy hijo de la vida y por lo tanto, del amor.

Cuando un hijo no ha recibido amor durante su infancia, al crecer tendrá dificultades para dar y recibir amor. En cambio, si de niño fue amado y recibe rechazo en su vida adulta, podrá enfrentarlo con mayor entereza y sin dejarse caer.

Mi padre me llevaba con otras mujeres,
luego me decía que yo era su favorita y que no le dijera a mi mamá.
¡Me utilizó para serle infiel a mi madre y yo me sentía tan especial!
Me dijo que era mejor que mis hermanos y se lo creí.
Ahora todos me odian, porque soy mala y mentirosa.
No quiero a nadie y nadie me quiere ¿Por qué mi papá me enseñó a ser así?
Joyce (43 años)

Los padres sin amor

Nadie nace sabiendo amar, es por medio de nuestros padres como aprendemos sobre el amor. Sin embargo, los padres no siempre son capaces de enseñar y solo vuelcan en los hijos sus miedos y frustraciones. Los educan conforme a sus expectativas e inseguridades. Las heridas que no superaron influyen en cada palabra y actitud que les dan. Al carecer de amor para dar, entregan solo lo que tienen, y cuanto más dolor haya habido en su vida, mayor dolor causarán en la vida de sus hijos también.

No obstante, es difícil creer que estos padres en algún momento, y solo porque sí, hayan decidido arruinar la vida de sus hijos. Esto no suele suceder así, la razón de que un padre no colme de amor a sus hijos tiene raíces profundas, en un pasado también de maltrato y desamor. Es una cadena de hijos maltratados que, al no sanar su dolor, quedan condenados a repetir el maltrato en sus propios hijos, validando así las terribles enseñanzas de sus padres. Por esto, un ser humano necesita reconocer su historia y sanar sus heridas. Si no lo hace, su dolor no le dará oportunidad para aprender a amar. Entonces encontraremos que esos padres (a veces adolescentes) sumidos en su propio dolor tienen un hijo y, por lo tanto, se convierten en padres que no saben amar.

❖ Maltratar no es amar

Los padres que no saben amar; en su ignorancia de cómo educar a su hijo, caen en el maltrato. Su incapacidad para demostrar amor los lleva a manifestar actitudes que van contra el adecuado desarrollo físico, emocional, social y cognitivo de su hijo.

Estas actitudes en ocasiones se muestran de forma simultánea y explícita; en otras son veladas y discretas, de apariencia inocente. Pero, sin importar cómo se manifiesten, todas pueden lastimar hasta la destrucción la vida de su hijo.

Estos padres asumen que el daño que ocasionan no tendrá consecuencias, y que el hijo será capaz de olvidarlo y salir adelante. Al no recapacitar en que pueden destruir su vida, cometen actos de barbarie y crueldad, a la vez que excusan su proceder intentando convencer a los demás de no ser responsables de lo sucedido. Son incapaces de reconocer su implicación en el dolor y prefieren achacar su procedencia a los hijos, asegurando que son ellos quienes los obligan a actuar así; incluso algunos juran que ellos son quienes los provocan.

A veces, cuando la situación ya casi es irremediable y el hijo muestra señales de no ser amado, los padres buscan ayuda psicológica o médica. Sin embargo, en cuanto observan algún progreso vuelven a negarle la ayuda, ya que se niegan a enfrentar el asumirse como los causantes de dicho dolor. Prefieren acusar al hijo de problemático, desobediente o malagradecido, y se volverán en su contra; no actuarán a su favor.

Triste realidad

Es un hecho que a los consultorios de psicología acuden muchos padres que no aman, buscando ayuda para los problemas de sus hijos. Sin embargo, en cuanto descubren que son ellos la causa de la aflicción y son también quienes necesitan acudir a terapia, se niegan a recibir ayuda. Esto ocasiona que el niño siga sufriendo, pues muchos padres prefieren seguir maltratando a sus hijos a hacer algo para remediar su dolor. Esto nos lleva a reflexionar en el poco interés que demuestran gran cantidad de padres por sanar sus heridas y amar a sus hijos.

Hay crímenes contra la niñez que quedan impunes debido a que, al ser los propios padres los agresores, se vuelve tabú hablar de ello. Estos crímenes son más frecuentes que contra los adultos y con repercusiones peores para la vida, pues un niño maltratado, dado el trauma emocional, será un adulto que de algún modo repetirá el daño recibido, a veces con consecuencias fatales para él y los otros si no recibe atención a su dolor y logra sanar sus heridas.

Ningún padre actúa igual a otro. Algunos dejan tan grandes heridas en el hijo, que este puede tener dificultades para reconocerlas y enfrentarlas.

> *Crecí odiando a mi hermano mayor por haber*
> *abusado de mí cuando yo era pequeña.*
> *El día que murió, su esposa me confesó que mi madre*
> *había abusado sexualmente de él toda su niñez.*
> *Betty (54 años)*

El hijo maltratado

Cuando el hijo es pequeño está indefenso ante sus padres, aun cuando estos sean incapaces de amarlo, y a causa de esto se vuelve víctima de maltrato. Basta con que un padre amenace al niño con hacerle daño para garantizar su silencio; además, siempre existe la seguridad de que si su hijo habla, nadie le creerá, ya que es sabido que muchos adultos prefieren ignorar la verdad y evitar problemas. Tanto los padres agresores como los indiferentes provocan rabia e impotencia en el hijo, quien no puede entender por qué sus padres no lo protegen ni lo cuidan.

Con el tiempo, le será difícil asimilar que sus padres no sabían dar amor y por eso le hicieron daño. Y dado que mantuvo una imagen idealizada del amor de padres y sigue teniendo necesidad de su amor, le resultará complicado bajarlos de ese pedestal y verlos solo como seres humanos. Soltar a esos padres ideales es doloroso, es más sencillo pensar que merecía el rechazo, abandono, incluso los golpes que sus padres infligieron contra él. Prefiere justificar las acciones de sus padres que comprender que, debido a su falta de amor hacia él, eran maltratadores. Como consecuencia, el hijo acaba convencido de que estos eventos son algo que deben hacer los padres a sus hijos; se llenará de odio contra sí mismo y repetirá en sus propios hijos el daño cometido.

❖ Sin responsabilidad

No siempre los padres aceptan su responsabilidad, pues aseveran que la infelicidad que sus hijos manifiestan es causada por factores como la mala suerte, el influjo de otras personas o su carácter difícil. Prefieren pensar que el hijo sufre porque se lo merecía o se lo buscó, que asumir su participación en ello. Hay padres que sienten satisfacción cuando le va mal al hijo, pues creen que esto les da la pauta para justificar el maltrato: su hijo es una mala persona y esto los exime de culpa y les autoriza a persistir la misma actitud hacia él. Con esto defienden, niegan o se eximen de sus propias conductas. El desamor que muestran atormenta la vida de los hijos, haciendo de la felicidad algo imposible de alcanzar, lo que genera un sentimiento de fracaso constante, la sensación de falta de propósito en la vida, de no tener a alguien a quien amar. Para un hijo, es doloroso reconocer el no haber sido amado, pero también es la única explicación. Enfrentar esta realidad implica un proceso que puede llevarle años y cuyas consecuencias lo marcarán para siempre.

Para reflexionar

- ✓ Si mis padres no saben amar, se debe a que fueron hijos no amados. Quien aprende a amar, lo hace siempre. El amor es la base de la relación; si no está presente es porque nunca existió.
- ✓ Si mis padres se aprovecharon de mi vulnerabilidad, de mi necesidad de amor, casa y alimentos, para hacerme daño, fue porque no sabían amar.

> Los padres que no saben amar no pueden proteger la salud física y emocional de sus hijos.

No conoces a mi madre, jamás me dejará irme de su casa,
no quiere que yo haga mi vida.
Reggie (40 años)

Si tus padres no sabían amar...

Si tus padres no sabían amar, es muy factible que te hayan causado dolor, y que hoy que ya no eres un niño, mantengas una diversidad de sentimientos que hacen difícil que se manifieste el amor en tu vida; que te sientas libre y confíes en ti mismo. Sin embargo, y por increíble que te parezca, es difícil que tus padres planearan de modo deliberado hacerte daño. En su inconsciencia, y a pesar del daño que te hicieron, justificaron sus actos y quizá hasta creyeron que merecías su maltrato, o que así te guiaban del modo más conveniente. Quizá solo fue su ignorancia al respecto, y ni siquiera pasó por sus pensamientos que te estuvieran provocando dolor. Por lo mismo, es probable que nunca comprendan el sufrimiento que su maltrato causó en ti. Incluso pueden llegar a negar que te hayan lastimado. No obstante, que ellos nieguen su proceder o desconocimiento, no los exime como padres.

> *El doctor les dijo que tengo cáncer, pero mis padres dijeron*
> *que el médico es un estúpido y que no era verdad.*
> *Por eso, no me han llevado con ningún especialista*
> *ni estoy siguiendo un tratamiento.*
> *Yo quiero vivir, pero ellos están dejando que me muera.*
> *Danny (16 años)*

Ahora hablemos de cómo se manifiesta el maltrato hacia los hijos.

❖ Negligencia

Es la omisión de cuidados, indiferencia y falta de responsabilidad que tienen los padres hacia los cuidados que deberían prodigar a su hijo, ya sea de forma temporal o permanente, causándole un daño físico o emocional y obstaculizando su sano desarrollo. Estos padres se involucran con sus hijos al mínimo, además evitan satisfacer de manera adecuada sus necesidades de alimentación, estudios, cariño, abrigo, vivienda, etc. El colmo de la negligencia lo cometen los padres que, al enterarse de que su hijo fue abusado sexualmente, lo rechazan, le llaman mentiroso y pueden hasta castigarlo o culparlo.

Sufriste maltrato por negligencia si:

- Te descuidaron y permitieron que otro te hiciera daño, si lo descubrieron y no lo evitaron. Actuaron como si lo hubieras merecido.
- Te negaron protección y apoyo en tus necesidades básicas.
- No te proveyeron cuidados; no te dieron atención médica cuando estuviste enfermo o te lesionaste, ni cuando tuviste necesidad de ellos.
- Hiciste cosas de las cuales jamás se enteraron. No querías que descubrieran quién eras en realidad.
- Con frecuencia se olvidaban de ti.

- Te ignoraron y dejaron de hablar para castigarte o hacerte sentir mal.
- Se mostraron inaccesibles, no fueron afectuosos, no te permitieron acercarte y mostrarles tu cariño.
- No permitieron que tuvieras amigos, se molestaban si otras personas mostraban afecto hacia ti.
- Te obligaron a hacerte responsable de cosas que no te correspondían; por ejemplo, cuidarlos o asumir el papel de proveedor de la casa.
- Te reprochaban lo que hacían por ti, como si no lo merecieras y fuera un favor hecho por ellos.
- Mostraron claras preferencias hacia alguno de tus hermanos, te hicieron sentir que el otro valía más que tú.

Decía que iba a ir por mí, y yo lo esperaba por horas y nunca llegaba.
Me prometió muchas cosas que nunca me dio.
Mi mamá se burlaba de mí por creerle, por estarlo esperando.
Me sentía tan humillado y avergonzado.
No sabía cómo defender a mi papá.
Henry (31 años)

❖ Abandono

Sucede cuando uno de los padres, o ambos, dejan de sentir interés por la vida de su hijo y se apartan sin importarle las condiciones económicas o de salud en las que viva, sin intención de continuar protegiéndolo o cubriendo sus necesidades básicas.

El abandono por lo regular implica el abandono físico, aunque es muy frecuente el abandono emocional, donde el padre manifiesta con su comportamiento sus escasas intenciones de educar a su hijo o de apoyarlo en su vida diaria. Es una forma extrema de negligencia, incluso permanente, que confunde a los hijos y deja heridas profundas que pueden permanecer durante mucho tiempo.

Sufriste maltrato por abandono si:

- Ignorabas el paradero de uno de tus padres, o de ambos.
- Uno de tus padres o ambos te negaron manutención y protección durante largos periodos.
- Con frecuencia, uno de ellos iba y venía de tu vida, pero uno de ellos ya nunca volvió.

También si:

- Estuviste solo muchas veces y cuando manifestaste tu soledad, minimizaron tus sentimientos, negándose a empatizar contigo.
- Te mintieron y engañaron; si te ofrecían cariño o compañía y después te lo negaban.
- Te hacían falsas promesas una y otra vez.
- Estuviste en riesgo de hacerte daño grave y tus padres lo ignoraron.
- No demostraron interés en tus necesidades de apoyo, cariño y cuidados.
- Sentiste que había una barrera que te impedía acercarte a ellos.

> *No sé cuándo empecé a tomar, un tío me dijo*
> *que mis padres me ponían alcohol en el biberón*
> *pero no le creí. Después le pregunté a mi mamá*
> *y ella me dijo que sí era cierto, que "ni para qué lo negaba".*
> *Eso me dio mucho coraje, me salí en la camioneta*
> *y quería chocar, me quería matar.*
> *El otro día vino un hombre a reclamarle algo a mi padre,*
> *yo estaba bien borracho y pues lo agarré a golpes, me peleé con él.*
> *No me importa que me maten, ¿sabes? Nunca he querido vivir.*
> *Mike (24 años)*

❖ Abuso de sustancias

Es una grave forma de abuso infantil, los padres drogan o dan alcohol a sus hijos, incluso desde que son bebés. En ocasiones los padres adictos lo hacen para esconder su propia adicción o para evitar que el hijo lo manifieste. Algunos también lo hacen para abusar sexualmente de ellos. La edad del hijo no importa, pues algunos padres inician esta forma de abuso desde que su hijo apenas tiene días o meses de edad. También es el caso de las madres adictas o alcohólicas que consumen durante el embarazo, poniendo en riesgo su vida y la de su hijo próximo a nacer.

Sufriste maltrato por abuso de sustancias si:

- Tus padres, directa o indirectamente, te dieron alcohol o drogas.
- Estuviste expuesto a la compraventa de droga.
- Tus padres consumieron frente a ti.

- Dejaron drogas y alcohol al alcance de tu mano, donde te era sencillo consumirlas.
- El consumo de tus padres les hacía incapaces de cuidar de ti.
- El ambiente en tu hogar estaba cargado de conflictos. Hubo cualquier tipo de maltrato debido al estado en que se encontraba tu padre o madre.
- El consumo de tus padres te ocasionó problemas de autoestima y conducta.
- A causa del consumo de tus padres estuviste en riesgo de abuso y maltrato de parte de terceras personas.

Le tengo tanto miedo, en serio. Mi madre es buena, pero luego,
cuando se enoja es como si el diablo la poseyera. Dice cosas espantosas,
con odio, crecí escuchándolas y me dan terror:
¡Cuando estés dormida te voy a cortar las manos!
¡Las entrañas se te van a pudrir con los gusanos que te doy de comer!
¡Compré una pistola para matarte!
Estoy furiosa con ella, ¿por qué tiene que hablarme así?
Nadia (39 años)

❖ Maltrato emocional

Es la forma más frecuente de maltrato que hay y también la más difícil de comprobar. Se demuestra mediante el cúmulo de acciones destructivas y agresiones verbales que destruyen la salud emocional del hijo. En esa falta de amor, ternura y apoyo, los padres manifiestan rechazo, críticas constantes, humillaciones, mentiras, amenazas, burlas, etc., sin la menor consideración hacia los sentimientos del hijo. Sus actitudes causan enojo, resentimiento y decepción, y en vez de respeto, generan en los hijos miedo y odio hacia sus padres. Los hijos aprenden a disimular su forma de ser, sus pensamientos y sentimientos, por temor a sus reacciones.

El maltrato emocional implica también permitir al hijo el acceso a situaciones no acordes a su edad, o darle responsabilidades que no le corresponden, faltándole al respeto y afectando su dignidad. Con esto se consigue destruir su confianza y autoestima, así como la habilidad para lograr y mantener relaciones sanas. Es esa falta de amor propio, pareciera que los padres sienten placer en provocar dolor e inseguridad. Jamás valoran la presencia ni la personalidad y mucho menos el amor que su hijo les tiene. Vivir de forma constante con trato semejante destruye en el hijo la percepción que tiene del contacto humano y el papel que desempeña en el mundo. Acabará teniendo una serie de pensamientos tóxicos que dirigirán su vida y le impedirán vivir en paz.

Sufriste maltrato emocional si:

- Se burlaron de tus limitaciones, te ridiculizaron. Cuando reclamaste, dijeron que estaban bromeando y si te sentiste herido te regañaron.
- Te humillaron, descalificaron y criticaron logrando que te sintieras insuficiente, lastimando tu concepto sobre ti mismo.
- Te compararon con otros y aseguraron que tú eras quien estaba mal.
- No había respeto hacia ti ni hacia tus cosas. Tus padres podían tomar, utilizar o destruir tus pertenencias sin preguntar tu parecer. Tuviste que esconder tus objetos, pues sabías que los sustraerían si los encontraban.
- Hablaron mal de ti e intentaron manipular a otros para que tuvieras conflictos.
- Traicionaron tu confianza y no demostraron que les importara; si les confiabas un problema o necesidad lo utilizaban en contra tuya.
- Tenían conflictos que te causaban confusión. Veías que entre ellos no había amor ni respeto.
- Intentaron manipular tus sentimientos uno en contra del otro.
- Fueron crueles y abusivos contigo. Llegaste a tener miedo de su cercanía y su manera de reaccionar.
- Te culparon de sus problemas, reacciones, actitudes y hasta de eventos ajenos a ti. Si te iba mal decían que te lo buscabas o te lo merecías.
- Había tantos problemas entre tus padres que algunos momentos sentías que los odiabas. Incluso te llegaste a sentir culpable por sus enfrentamientos.

Mi mamá me dijo muchas veces que me muriera.
Por eso me pegaba tanto y como lloraba, me pegaba más.
Decía que me odiaba, que me quería matar.
Estoy seguro de que si hubiera podido lo habría hecho.
¿Quién se lo habría impedido? Ahora me busca porque quiere que vaya a verla,
pero no voy. Nunca voy. No me importa su vida, ni lo que le pase.
¡Que se muera de una vez y deje de estar fregando!
Donovan (53 años)

❖ Maltrato físico

Son todas aquellas lesiones y acciones violentas, sin importar si hay o no intención de hacer daño, que perpetran los padres abusando tanto de su propia fortaleza física, como de la indefensión del hijo. Se manifiestan mediante caricias agresivas, mordidas, pellizcos, arañazos, golpes, patadas, quemaduras, asfixias (ya sea infligidas con la mano o con cualquier otro objeto), y que pueden ir subiendo en intensidad hasta conseguir poner en peligro la vida del hijo. Pretender educar a un hijo mediante de agresiones y violencia es una forma cruel e irracional de maltrato.

Los padres que no saben amar son capaces de golpear brutalmente a sus hijos, algunos con consecuencias mortales. Esto orilla a los hijos a la desesperación, a la falta de amor propio, e incluso al suicidio. El padre abusa del poder que tiene por ser el más fuerte de la relación, considerando a sus hijos objetos de su propiedad, sobre quienes tiene derecho. Esta forma de maltrato, a través de todas sus manifestaciones, es un grave daño contra un hijo, pues arruina su presente y su futuro. Los hijos maltratados físicamente viven en el terror. En vez de abrazar a sus padres, se esconden de ellos. Crecen frustrados y enojados; y reproducen en sus relaciones este comportamiento aprendido. Las consecuencias del maltrato físico marcan para siempre la vida. El hijo será también un ser violento que aceptará y reproducirá todas las formas de violencia contra sí mismo y contra los demás.

Sufriste maltrato físico si:

- Te castigaron con golpes, azotes, trabajos forzados, rechazos, pellizcos, etcétera.
- Te dijeron que merecías que te maltrataran.
- Sus caricias eran agresivas pero te ordenaban que no lloraras; se burlaban del dolor que te ocasionaban.
- Te intimidaban y amenazaban, incluso con matarte, para que obedecieras.
- Te amarraron o encerraron bajo pretexto de corregirte.
- Alguna vez te hicieron pasar hambre como forma de castigo.
- Te causaron dolor con objetos, ya sea lanzándotelos o golpeándote con ellos.
- Alguna vez te quemaron, ya sea con agua hirviendo, cigarros, etc., o utilizaron sustancias corrosivas, como ácidos, para castigarte.

- Permitieron que otros te maltrataran, e incluso pidieron que lo hicieran.
- Te dañaron con jalones, estrujones, zarandeos, etcétera.
- Te expusieron a un maltrato físico y no previnieron que saldrías lastimado.

> *Vino el ridículo de mi padre a pedirme perdón.*
> *A rogarme que olvide el daño que me hizo. Que no recuerde el miedo que sentía*
> *cuando abría la puerta de mi cuarto y se metía a mi cama.*
> *El daño que me hacía aunque yo le rogaba que no.*
> *Erika (47 años)*

❖ Abuso sexual

Abarca cualquier actividad en la que se utiliza desde la persuasión, instigación, provocación, amedrentamiento, hasta la fuerza o violación para lograr sostener con un hijo cualquier acto de tipo sexual o incluso explotarlo sexualmente.

El abuso sexual de los padres hacia sus hijos es un delito que pocas veces se comprueba. Para lograrlo, el padre o la madre aprovecha la debilidad de su hijo, su inocencia y confianza y su posición de poder sobre él.

Se considera como abuso mantener una actitud de acoso, utilizar con él un lenguaje seductor o sexualmente agresivo, tocarlo con intención lasciva o manosearlo, masturbarse o exponer los genitales frente a él, así como penetrarlo. Algunos padres han permitido que sus hijos sufran sodomía, violaciones, incesto, incluso explotación sexual a través de pornografía y prostitución. Esto también es considerado como abuso sexual.

Tanto el padre como la madre pueden cometer actos sexuales abusivos, aunque generalmente quien más incurre en ello es el padre. No obstante, también ocurre que, cuando el padre es el abusador, la madre calla el abuso, solapando al padre.

Hay diferentes causas para ello, algunas lo hacen por temor a arriesgarse a perder a la pareja o el sostén económico; otras por miedo al qué dirán o al rechazo social o familiar. Algunas más no solo consienten la situación sino que hasta generan oportunidades para que el agresor realice sus fechorías. Esto es, ponen a sus hijos a su disposición dejándolos solos e indefensos. Con esto, el atacante queda impune y el hijo aún más desamparado.

El abuso sexual de padres a hijos aparece en todas las culturas y sociedades y, aunque las cifras reales se desconocen, son muchos los niños a quienes se les arrebata su inocencia de este modo. Violencia sexual hacia los niños siempre ha existido, en todos los países y en cualquier estrato social, tanto niñas como niños son susceptibles de ser víctimas de un violador. El silencio protege a los victimarios y deja indefensas a las víctimas. La dinámica familiar está alterada por diversos fenómenos, como es la indiferencia del cónyuge del victimario, aunado a la sensación de culpabilidad por parte de los hijos, y la presencia de un abusador que alega ser víctima de las circunstancias. Además, a pesar del peligro que representa, este es un tema tabú que pocas familias reconocen, pues causa vergüenza, inestabilidad y miedo.

Sufriste abuso sexual si:

- Se dirigieron a ti con palabras obscenas, soeces, crueles y despectivas, haciendo uso de un lenguaje sexual.
- Se exhibieron frente a ti utilizando entre ellos frases, chistes, palabras, juegos y caricias con connotación sexual.
- Te acorralaron utilizando un lenguaje seductor para convencerte a participar en actos sexuales.
- Te mostraron imágenes sexuales o pornografía, o permitieron que tuvieras acceso a ellas.
- Alguno de tus padres te utilizó para tomar fotografías o videos de tu cuerpo o permitió que alguien más lo hiciera.
- Te obligaron a desnudarte y participar en actos sexuales con otras personas.
- Tocaron partes íntimas de tu cuerpo.
- Mostraron partes íntimas de su cuerpo y te pidieron que las tocaras.
- Tus padres abusaron sexualmente de ti.
- Si hubo uno que lo hiciera; si el otro no lo evitó y permitió el abuso.

Para reflexionar

✓ Debo reconocer la forma en que mis padres me maltrataron física y emocionalmente. Para mi crecimiento es importante que acepte la verdad e impida que el dolor siga gobernando mi vida.
✓ Aceptar que mis padres me hicieron daño y la responsabilidad que tuvieron en ello, es empezar mi crecimiento personal.

Si los padres saben amar enseñarán a sus hijos a amarse. En cambio, si han maltratado a alguno de ellos, poniendo distancia entre él y sus hermanos, significa que hacia ninguno hay amor.

Si hay maltrato no hay amor

Como puedes ver, hay muchas y muy diferentes maneras de maltratar a los hijos. A ningún hijo se le trata igual. Con cada hijo, los padres tienen conductas diferentes. Un padre puede ser indiferente con un hijo y con otro un cruel verdugo, todo depende de sus propias heridas. Lo que sí es un hecho es que un padre que no sabe amar, tampoco podrá amar a sus hijos. Tal vez maltrate menos a un hijo que al otro, pero es imposible que a uno lo ame y al otro no. Esto se debe a que el amor es un estado de paz, de alegría, y una vez que se obtiene ya no se desea volver atrás.

No todos los padres fallan en su capacidad de demostrar amor hacia sus hijos. Muchos quieren educarlos evitando repetir los errores que se cometieron con ellos. Aun así, los padres mantienen algunas pautas de comportamiento que terminan afectando a sus hijos. Cuando estas fallas son menores y prima el amor, el hijo será capaz de superarlas y salir adelante. Lo más importante es que se sienta amado y protegido. Sin embargo, si los padres mantienen una actitud nociva y violenta de forma reincidente, lograrán que el hijo sienta enojo y miedo hacia ellos. La imagen anhelada de padres buenos y amorosos se destruirá y surgirán sentimientos como la frustración, la decepción, la desesperanza e incluso, el deseo de venganza.

Quiero vengar a mis hermanas. Por su culpa la mayor se suicidó. No sé cómo pero me las voy a cobrar... A mi padre por violar a mis hermanas y a mi madre por permitírselo. Recuerdo muy bien cuando le dije que hiciéramos algo para protegerlas y ella me corrió de la casa. Eso ni lo voy a perdonar ni lo voy a olvidar.
Alan (44 años)

❖ Soltar la necesidad de venganza

Si fuiste víctima de abuso, violencia o maltrato, el camino para sanar esa injusticia no lleva a fomentar e impulsar sentimientos como el odio, el resentimiento o el deseo de venganza. Quizá te puede parecer justificado desquitarte, pero cobrar el daño cometido contra ti no te ayudará a sanar. Tampoco servirá repetir en tu mente imágenes donde quien te hizo daño sufre; o idear maneras de cobrar el daño y alimentarlas con el afán de que tu dolor se vea recompensado. Revivir en tu memoria todo tu dolor esperando el momento del desquite es tóxico, desgastante, y detiene tu crecimiento. Desear para tus padres un sufrimiento mayor que el tuyo, podrá sentirse como un placer inmediato, pero no te proporcionará paz. Esperar a que la vida pueda vengarte es perder un tiempo precioso que no te hará sentir mejor; un tiempo que podrías aprovechar para trabajar en ti msimo.

Para reflexionar

✓ Soy consciente de que no me sentiré satisfecho si actúo por venganza, si hablo para herir o trato de desquitar el daño que me han infligido. Esto a la larga me hará infeliz.
✓ Entiendo que el dolor se transmite al depositar en otro el daño que cometieron contra uno.
✓ Me niego a ser transmisor de odio, quiero transmitir amor.

Reflexión de paz

🕊 Si lo que deseas es que tus padres paguen por el daño que te hicieron, es muy probable que esto nunca ocurra; y aun cuando lo lograras, no hay forma de que esto te brinde alivio. Lo único que calmará tu dolor es que te hagas responsable de ti mismo y de cuanto sucede en tu vida; así evitarás que el dolor permanezca en tu vida.

🕊 Elige reconciliarte con la vida, en vez de idear tu venganza. Agradece tu vida aunque hayas conocido el sufrimiento. Acepta que el dolor y la alegría son parte de ella. Cuida de ti para sanar, porque solo así encontrarás paz y dejarás de recordar tu pasado con angustia, impotencia y frustración.

🕊 Elige sanar, renuncia a tu necesidad de venganza. Comprende que no podrás convertirte en adulto si vives aferrado al dolor, esperando que otros cambien y te provean el amor que te hace falta.

🕊 Rechaza los pensamientos que te llevan al enojo y a la necesidad de venganza. Empieza a practicar desde hoy. Permanece atento a ellos y cuando los tengas, recházalos; cambia a un pensamiento positivo que te lleve a la paz.

🕊 Cuando te detectes pensando en vengarte, respira hondo y envuelve en un abrazo de luz a aquellos que te provocaron ese dolor que no deja a tu mente fluir en calma.

🕊 Evita dejarte llevar por los pensamientos que se niegan a irse; míralos como pruebas de dolor, pero pon un bálsamo a tus heridas; siente amor por ese niño herido que fuiste tú de pequeño.

Afirmaciones de amor

♥ Voy a sanar el dolor que hay dentro de mí y que me impide ser feliz.
♥ Voy a dejar de depender emocionalmente de otros.
♥ Puedo amar y ser amado. Soy un ser de amor.
♥ El amor quiere manifestarse a través de mí.

CAPÍTULO 2

EL FRUTO DEL DESAMOR

¿Acaso no deseas, aunque sea solo una vez, que tu padre o madre te demuestre que te ama? Cuando la realidad sea contundente y no quede más remedio que aceptar que la grandeza del amor de tus padres no existe para ti porque ellos no saben amar así, empezarás un camino de crecimiento.

—*Claro que mis padres me aman, soy su hijo. No puede ser de otra manera.*
—*Si te aman, entonces ¿por qué te quemaban con cigarros cuando se enojaban?*
—*¡No sé!*
Diego (34 años)

Los padres que no aman, dañan a sus hijos de tantas y tan diferentes maneras que nunca terminaríamos de describirlas. Sin embargo, los hijos que viven con maltrato asumen que tal comportamiento es "normal" y, por lo mismo, tienden a reproducirlo. Si durante su desarrollo un hijo recibe o es testigo de cualquier tipo de maltrato, corre el peligro de interiorizar modelos de comportamiento violentos.

Cuando es pequeño, un hijo no es capaz de discernir, analizar y diferenciar lo saludable de lo dañino; solo imita a sus padres. Por eso y como medida de sobrevivencia, puede identificarse con el más fuerte e intentar ser como él, imitando su agresividad. Al crecer, los hijos maltratados, además de padecer baja autoestima, son desconfiados, tienen dificultades para relacionarse y actúan de forma violenta; viven enojados y molestos, son poco tolerantes ante las adversidades; se frustran con facilidad y culpan a otros de sus problemas: son inseguros, pierden el control, se les dificulta entablar diálogos para solucionar conflictos; creen que los demás solo quieren atacarlos, por eso no saben estar en paz.

❖ Del amor a la decepción

Un hijo maltratado se siente confundido, le es difícil comprender por qué lo hace sufrir esa persona en quien confía. Con su miedo e inocencia lo justifica, dice: "Él es bueno, no quiere hacerme daño". En su necesidad de no destruir la imagen del padre, se cree el causante y provocador de su actitud y sufre ante la incomprensión de lo que está sucediendo. Entra en conflicto pues se niega a creer que aquel a quien tanto ama, sea capaz de maltratarle. Con angustia se convence, ante la contundencia de los hechos y la frecuencia con la que ocurren, de la aversión que siente su padre hacia él.

A medida que el padre va perdiendo el control de sus actos, violentándose más cada día, el hijo se va llenando de resentimiento hasta que la imagen del padre ideal queda deshecha. Su esperanza se transforma en profunda decepción y desde ahí surgen el enojo y el miedo. El hijo siente odiar a su padre conforme se destruyen sus expectativas de ser amado. Internamente desea que su padre deje de maltratarlo, anhela que el amor parental le haga cambiar, pero al no suceder esto, se convence de que es maltratado porque no merece ser amado. Viene entonces el alejamiento, unido al desprecio. Se vuelve contra su padre y deja de temerle. Estos modelos abusivos de comportamiento se repetirán en las siguientes generaciones si no logran ser detectados y al final ser eliminados.

Nadie merece ser maltratado, ningún hijo provoca a sus padres para que le hagan daño.

Tengo miedo de mí, de lo que puedo hacer. No puedo dormir, todas las noches tengo que detenerme, sufro para no levantarme a matar a mis padres.
Sé que un día lo voy a hacer.
Teddy (14 años)

¿Eres un hijo no amado?

Todo aquel cuyas necesidades básicas de cariño y protección no fueron satisfechas y vivió acostumbrado al maltrato, se convierte en un hijo no amado; esta persona surge cuando los padres fracasan en hacerlo sentir parte de la vida. Este hijo no entiende por qué sus padres son fríos, distantes, incluso crueles con él. Como consecuencia, carece de una mente sana y feliz; en su lugar lo dominan una serie de pensamientos negativos acerca de sí mismo manteniendo sentimientos encontrados entre el cariño y el enojo. Debido a que sus padres en vez de protegerlo o amarlo, le hicieron daño, su autoestima se hizo pedazos durante su crecimiento y hoy las consecuencias de ello le impiden agradecer y disfrutar su vida.

Esta persona vive odiando, quejándose de todo y culpando a los demás. No tiene confianza en sí mismo, cada mañana despierta con una sensación de vacío; su vida no tiene razón de ser. Siente que no es importante para nadie, aun cuando haya formado una familia. El dolor interno, aquel que no ha podido exteriorizar y atender, se mantiene latente. No habla de las injusticias cometidas contra él, sin embargo no cree que exista la felicidad, ya que el dolor y el miedo son constantes y priman en la mayoría de sus acciones. No encuentra paz. En lo más íntimo de sus pensamientos sabe que algo no funciona como debería, aunque ignora qué puede ser. Se niega a creer que aún le duele el pasado, incluso puede afirmar que ya perdonó, pero es incapaz de superar lo sucedido en su infancia. Si se culpa a sí mismo puede ser porque el miedo lo obliga a proteger la imagen de sus padres, lo que le impide asumir que el daño que le hicieron estaba fuera de su control, que fue una injusticia. Prefiere creer que algo está mal en él, con tal de no tener que aceptar que sus padres no saben amar. La falta de amor duele, incluso puede destruir. Para crecer y madurar debe reconocerlo y enfrentarlo.

❖ Tus padres creen que tú tienes un problema

Una vez que has reconocido en ti el dolor de no haber sido amado, es importante que comprendas que exigir a tus padres que cambien te ata *más* *a* ellos; te impide soltarlos y empezar a trabajar en tu propio crecimiento. Si esperas que tus padres reconozcan haberte herido, voy a ahorrarte fatigas: eso no sucederá. Si vives tratando de hacerlos reconocer su actitud, saldrás perdiendo; te desgastarás y nunca podrás ser feliz. Tus padres no van a complacerte, no porque no quieran, sino porque están convencidos de que *tú* eres el del problema: tú eres el inconforme, quien se queja y no los obedece por hacer las cosas a su modo. Antes de admitir que te han hecho daño, preferirán asumir que tú eres *difícil*.

Qué mejor ejemplo que los padres pederastas que aseguran que han sido sus hijos (incluso los más pequeños) quienes se acercaron de forma seductora y los provocaron. Los padres que no aman a sus hijos difícilmente se hacen responsables de sus actos y menos aún de las consecuencias. Si tus padres no saben amar, y tú les exiges amarte, prepárate para fracasar.

Afirmaciones de amor

♥ Quiero vivir en paz, por eso renunciaré a esperar el día en que mis padres me pidan perdón por hacerme daño y actuar contra mí.
♥ Quiero ser feliz, por lo mismo reconozco que mis padres cargan su propio dolor y su consecuencia ha sido herirme, no importa si quisieron evitarlo o no.
♥ Quiero ser amado, por lo mismo reconozco que crecer no es olvidar el daño que me hicieron, es superarlo. Crecer implica impedir que me siga dañando hoy.

A mí nunca me ha querido, a mi hermano mayor sí. A mí me abandonó pero a él siempre le dio todo. ¿Por qué algunas madres no quieren a sus hijos? ¿No se supone que para ella todos son iguales?
Michelle (44 años)

❖ Sin comparaciones

Un padre que sí ama entrega su cariño a sus hijos por igual, así que no necesitas comparar lo que te dan. No pienses en esa hermana o hermano en quien vuelcan su cariño. Muchos de esos hermanos que creemos más queridos y afortunados en realidad viven relaciones de dependencia emocional y son incapaces de poner límites. No pienses que a tu hermano sí lo aman y a ti no; esto no es cierto. Un padre que sabe amar no hace distinciones entre sus hijos, no elige solo al "mejor". Tener un hijo favorito muestra las carencias de los padres; ellos mantienen una buena relación con cierto hijo para exculparse de la falta de amor hacia los otros.

No importa si tus padres se llevan de maravilla con alguno de tus hermanos, lo que cuenta es que contigo no tienen una buena relación. Por razones de su historia, no pueden conectar contigo. Es momento de soltarlos, ya no necesitas más de ellos.

❖ ¿Idealizas a tus padres?

La idealización se origina cuando tienes miedo a enfrentar la realidad y reconocer que lo que hicieron tus padres destruyó tu autoestima. Ver a tus padres realmente como son es un reto complejo y amargo. No es sencillo comprender que ellos también son seres humanos, capaces de cometer errores; tampoco es fácil entender que sus conductas son causadas por el desamor. Quizá te sea menos doloroso creer que te amaron "a su manera". Si sientes temor de *desidealizar* a tus padres, quizá también te sea difícil admitir que lo que hicieron fue la cruel consecuencia de no saber amar. Es natural que esto ocurra, para cualquier hijo es preferible otro tormento que aceptar no haber sido amado.

Debes saber que la idealización hacia tus padres tiene que romperse para que puedas crecer. Empieza por tratar de comprender que, detrás de esa necesidad de creer que ellos *sí te aman pero actúan a su modo,* está tu miedo a ver la realidad, incluso en relación con el acto más malvado de su parte. Pero es solo tu miedo a no ser amado por ellos el que sostiene y protege la imagen perfecta que tienes de tus padres. Ese mismo miedo te dice que si no logras que ellos te amen, nadie más podrá hacerlo. Ese miedo es el que se afana en lograr que ellos te amen, aun cuando esto te desgaste emocionalmente.

Afirmaciones de amor

♥ No me aferro a la idea de lo que "debería" ser. Evitaré resentirme o decepcionarme una vez que deshaga mis expectativas.

♥ Tengo el valor de aceptar que no son perfectos, aunque haya creído que sí.

El crecimiento surge al cortar desde la raíz lo falsamente aprendido y las expectativas inútiles para construir un pensamiento nuevo.

Siempre nos contaba mentiras para salirse con los hombres que la iban a buscar a la casa. Luego se tardaba mucho en llegar, o de plano no llegaba. Mis hermanos y yo pasábamos días sin comer.
Marsha (38 años)

Solo un ser humano

Más allá de que hayas idealizado a tus padres, ellos son personas comunes; no son especiales, sabios e infalibles; se equivocan, tienen miedos y pueden causar un inmenso dolor. Por eso te han herido, rechazado, manipulado, criticado y no te han sabido amar. Quizá nunca te hayan amado. Reconocerlo te hará más fuerte; ver a tus padres reales, sin idealizarlos, te hará libre. No te hagas responsable de sus acciones, ni los justifiques. Decídete a renunciar a esas ideas que influyen negativamente en ti.

Cuando sostienes las expectativas de la conducta que tus padres debieran mostrar —por ejemplo, que te amen de la forma que necesitas—, estás manteniendo una ruta donde la única persona que terminará sufriendo serás tú. Papá y mamá no serán nunca como tú sientes que necesitas. Ellos solo pueden ser como son. Aunque pienses que son indispensables su apoyo y fortaleza, no te lo darán si ellos no lo tienen dentro de sí.

Entonces, lo único que queda es que obtengas dicho apoyo y fortaleza de ti mismo. Trabaja para alcanzar esos valores que te hacen falta, sin juzgar a tus padres: míralos con amor. Cuando logres obtener de ti cuanto requieres, no tendrás necesidad de reclamarlo en otras personas, pues en ti disfrutarás del amor y el perdón.

Tú puedes elegir cómo reaccionar ante cada situación. Tú puedes elegir entre tener misericordia o resentimiento. Tú decides si mantienes pensamientos que te hieren o te ayudan a sanar.

Reflexión de paz

🕊 A la única persona que le corresponde buscar su felicidad es a ti mismo. Es momento de soltar y dejar ir a esos padres que nunca existieron; de aceptar la verdad para dejar de sufrir, a pesar del miedo que te pueda dar cambiar tus esquemas y reaccionar de modo diferente; aunque te asuste reconocer que jamás conocerás el amor paternal que iba a complementar tu felicidad. A pesar del miedo que sentirás al descubrir que estás solo, sabrás que cuentas contigo.

Afirmaciones de amor

- ♥ Reconozco dentro de mí la fuente de amor inagotable.
- ♥ No necesito de otro para sentir amor por mí.
- ♥ Me cuido, me valoro, me doy lo mejor. No me conformo con menos para mí.

Un hijo podrá aliviar el dolor que le infligió alguno de sus padres, al asumir que este no sabía amar y por eso reprodujo dolor. Así podrá alejarse de esa imagen distorsionada de su propia persona y sanar las heridas de su infancia.

¡Me decía tanto que me amaba! Pero cuando él le llevaba la droga,
mi madre se encerraba en su cuarto
y me dejaba para que él abusara de mí.
Meg (26 años)

Ante la falta de amor

Es un hecho que cuanto mayor dolor cause un padre, mayor dolor hubo en su infancia. En el interior de los padres que hieren y dañan a sus hijos, están también hijos lastimados. Quizá tus padres desean perdonar el daño recibido, pero les ha sido imposible hacerlo. El dolor que tus padres recibieron durante su infancia lo reprodujeron en ti. Si tus padres no te aman, ellos tampoco fueron amados por sus padres. Esto es así porque quien recibió amor, entrega amor y quien recibió odio y dolor, entrega odio y dolor. Sin embargo, tal realidad no es algo que un padre pueda decidir. Por lo regular una persona que no sabe amar es inconsciente de ello.

Es cierto, nuestros padres *deberían* amarnos, pero esto no es algo que se cumpla siempre. Es una carga muy pesada mantener toda la vida la necesidad de ser amado por nuestros padres. Es vivir anhelando un imposible pues la mayoría de las veces los padres son completamente inconscientes del dolor que provocan. En cambio, para el hijo es fundamental reconocer que sus padres no tienen capacidad de amarlo; esto lo libera de ese peso.

La necesidad de ser amado se puede cambiar. Hoy podemos apagar esa dolorosa necesidad e iniciar el camino para convertirnos en nuestra propia y única fuente de amor. Dejemos de ser esclavos de la voluntad del otro, incluyendo sus propias necesidades.

Claramente, si un padre no puede dar amor es porque no lo tiene dentro de sí. Aferrarnos a exigirles que nos amen es vivir un tormento en conjunto. Vivir en paz es liberarnos; a la vez que libera a nuestros padres de nuestras exigencias y demandas, por muy justas que estas sean.

Para reflexionar

✓ La aceptación de la falta de amor por parte de mis padres puede ayudarme a sanar.

✓ En cuanto acepte de forma contundente que mis padres no me aman, dejaré de estar atado a las expectativas de que algún día me demostrarán amor. Ese día seré libre para amarme a mí mismo.

Antes de continuar, dedica un momento a reflexionar en la siguiente frase y trata de responder y encontrar la razón de esto:

Un padre que no se ama a sí mismo es incapaz de amar a sus hijos.

¿A qué crees que se deba? ¿Por qué un padre que no se ama a sí mismo, tampoco ama a sus hijos? Medita bien tus respuestas, y solo cuando lo hayas hecho estarás listo para continuar.

❖ Para sanar no ser amado
Ejercicio
Dado que el ejercicio que haremos requiere valor y fuerza, te recomiendo que lo leas hasta el final antes de realizarlo y solo lo lleves a cabo cuando te sientas listo para ello. Puedes continuar con la lectura o puedes detenerte; esto dependerá de cómo te sientas. Te invito a perseverar a pesar del miedo que puedas sentir. Te sugiero que reserves un momento y un espacio donde nadie pueda interrumpirte y puedas estar en calma para concentrarte.

Una vez que empieces, intenta fluir sin controlar lo que pasa, sin pretender justificar las acciones de tus padres ni defenderlas; permite que salga el dolor. Tal vez solo quieras mencionar a tu padre o a tu madre. Ajústalo a tus necesidades, a tu historia y a tu dolor.

Confía en ti, eres más fuerte de lo que imaginas. Aceptar no ser amado por tus padres es un reto que vamos a vivir juntos. Ahora, relájate en tu lugar privado y tranquilo. Tómate el tiempo que necesites entre cada frase, respira lento, sin enojo y en paz.

Repite despacio:

• Los malos tratos que me dieron mis padres no fueron por amor ni con intención de corregirme.
• Si mis padres me maltrataron, fue porque no sabían amar.
• Si mis padres no saben amar, mis padres no me aman.

Sí, tal vez sea muy fuerte para decirlo en voz alta. Quizá te resistas a creerlo y te retuerzas en tu lugar o quieras cerrar el libro de golpe y no seguir avanzando. Duele, pero es liberador entender que ese maltrato tiene únicamente una causa, la falta de amor de tus padres. Decirlo no significa que ellos sean malas personas, solo que no sabían cómo amar. Si sientes que tu lealtad como hijo quiere defenderlos y todavía insistes en creer que ellos te amaban *a su manera* trata de enfocarte en el resultado: dejar ir esa necesidad de ser amado. Lograr entender que nuestros padres no nos aman, no porque no quieran, sino porque sus propias heridas les impiden hacerlo, es dejar de exigir lo que nunca surgirá y, con eso, nos liberamos de las expectativas. Con esto avanzamos en el gran paso de hacerte cargo de ti y empezar a sanar.

Así que adelante: repite esta frase sanadora una y otra vez hasta que surja en ti la comprensión, y en vez de dolor y desesperación sientas alivio. En las siguientes páginas te espera un camino hacia el amor. Sé fuerte, puedes hacerlo.

Reflexión de paz

Qué dura prueba es para un hijo reconocer que sus padres no lo aman; pero esta es la única explicación. Aceptarlo te tranquilizará. Cuando dejas de intentar que el amor se manifieste en ellos y te rindes ante lo irremediable, sientes un gran alivio. Si tus padres no te aman, no es porque no quieran, sino porque no pueden. Cada uno de ellos es un ser humano cuya principal dificultad es amarse a sí mismo. Por lo tanto, les es imposible ponerse en sincronía contigo y darte lo que necesitas.

Si tus padres no saben amar, hay que aceptarlo, aunque te cause angustia y dolor. Es un paso difícil pero positivo. Desde el momento en que te desprendes de tus expectativas para aceptar la idea de que tus padres son incapaces de amar, te liberas. ¿Cómo pueden amarte, si ni siquiera son capaces de amarse a ellos mismos?

Afirmaciones de amor

- ♥ Dejaré de exigir ser amado bajo mis propios términos.
- ♥ Me concentro en las áreas de amor que hay en mí.
- ♥ Permitiré que mi dolor sane.
- ♥ Quiero ser un ser de amor. Quiero vivir en paz.

PARTE 2

LEALTAD

Capítulo 3

El hijo incondicional

Nadie tiene derecho a decirle a otro cómo *debería* ser.

> *Qué difícil ha sido reconocer que los abusos que sufrí*
> *de varios hombres sucedieron porque mi madre me enviaba con ellos*
> *para solucionar sus problemas. Que arregló muchas veces que se cobraran en mi*
> *cuerpo lo que con dinero no podía pagar.*
> *Melly (47 años)*

Es muy común que en las prácticas de crianza tenga lugar la violencia implícita. Hoy en día todavía hay quien defiende educar a los hijos mediante golpes, insultos, burlas, etc. Hace pocos años se educaba con el afán de que el niño obedeciera por miedo a hacer enojar a sus padres; en este tenor hay quienes han sobrepasado cualquier límite con tal de lograr que sus hijos les tengan miedo. Hace algunos años era un acuerdo tácito en la sociedad el que un buen padre era aquel que lograra tener hijos obedientes y sumisos.

Al crecer el hijo, la única manera en que esta conducta tenía sentido era repitiéndola al convertirse en padre. Por lo tanto, en muchas familias encontramos generaciones de comportamientos abusivos por parte de los padres hacia sus hijos.

A muchos de nosotros nos tocó esta forma de educación, se nos enseñó a obedecer a nuestros padres a costa de humillaciones y malos tratos. En vez de que hablaran con nosotros, nos amenazaban e intimidaban, y si la crueldad no era suficiente, nos atemorizaban, mediante muchos otros sistemas, con hacernos daño si no nos portábamos bien. Las reglas eran claras: obedecer a nuestros padres sin quejas, sin derecho a replicar y sin manifestar alguna opinión. Muchos de nosotros crecimos con padres abusivos, que utilizaron cualquier forma de violencia en pos de lograr hijos "bien educados", ya que la buena educación consistía en obedecer ciegamente. Se nos hacía sentir culpables y malos por mostrar una conducta contraria a lo que nuestros padres exigían. Pensar de manera distinta o desear algo diferente era considerado como desacato.

La lealtad hacia los padres era lo más importante, fueran cuales fueran las metas que tuviéramos: teníamos que renunciar a ellas si no beneficiaban ni alegraban a nuestros padres.

Peor aún, muchos de nosotros crecimos en hogares donde ni siquiera se nos tomaba en cuenta. Nuestra formación emocional no representaba una preocupación para nuestros padres, por lo que jamás hicieron algo para impedir sus comportamientos abusivos.

Son múltiples y diversas las actitudes de los padres que no aman que pueden dañar a un hijo, sin considerar la forma en que esto afectará la mente de su hijo y las consecuencias que tendrá en su vida.

❖ La lealtad hacia los padres

Siempre se habla de los sacrificios que hacen los padres por sus hijos, sin embargo pocas veces se menciona el frecuente sacrificio al que se somete el hijo, siendo el receptor de las conductas lesivas por parte de sus padres, sin desearlo siquiera. Estos le arrebatan su infancia feliz, su inocencia, el amor tierno hacia sus padres, su confianza en la vida y su autoestima.

Aun así, se le exige al hijo que sea leal a sus padres y los coloque en un pedestal, idealizándolos y manteniéndolos ahí, sin importar lo crueles que pudieran haber sido. El hijo mantiene esa imagen falsa por lealtad, esperando de ellos siempre lo mejor, como si el amor estuviera próximo a surgir. Prefiere vivir esperanzado a que sus padres respondan a lo bueno que imagina que hay en ellos aun cuando no encuentre congruencia en sus conductas.

Para reflexionar

✓ ¿Qué tanto estoy dispuesto a hacer para conquistar el amor de mis padres? Si mis padres no me aman mi sacrificio es inútil; solo estoy alimentando esa inclemencia que siempre exigirá más.

Amor propio es liberarse del recuerdo permanente de sufrimiento al decidir hacer recuerdos nuevos del presente, valorando los momentos en que es posible dar y recibir amor.

Cuando era niño, en los pueblos donde surtíamos abarrotes,
mi padre se metía con mujeres. Yo lo esperaba cuidando la carga en el camión.
Luego me daba hierba para que fumara; decía que me la había ganado.
Erick (59 años)

Ofrenda de amor

Los hijos muestran amor y lealtad a sus padres cuando, ante el dolor que les infligen, aprenden a sufrir y a resistir; soportan con paciencia y esperan su amor como recompensa. Además, muestran las siguientes reacciones:

- Guardar silencio ante sus errores. Los hijos son leales a los padres, por eso callan sus errores, cubriendo infidelidades, trampas, incluso delitos graves o evasión de responsabilidades. Lo que sea con tal de proteger a los padres, es aceptable. Existen padres que vuelven a sus hijos cómplices y los llevan a realizar sus fechorías. Los hijos permanecen ahí, manteniendo en lo alto la imagen del padre quien no recapacita en el dolor que está provocando. El hijo guarda silencio y resiste, su lealtad es fuerte, aunque sus padres abusen de él. Lo vemos en los niños maltratados que, en vez de acusar a sus padres por los golpes recibidos, prefieren decir que sufrieron un accidente.
- Callar el abuso. Después del ultraje, el hijo calla la situación para evitar que el padre se vaya de casa o agreda a mamá, para que la familia no sufra, etc. Callar es una especie de ofrenda que entregan para mantener la unión familiar. Muchos hijos maltratados guardan el secreto toda la vida, algunos logran hablar de ello cuando han crecido y desean resolver la situación en su propia persona.
- Disculpar el daño que hicieron. El hijo prefiere disculpar a sus padres una y otra vez a asumir que no lo aman y por eso son crueles con él. El desamor es inadmisible, no entendido. Por lo mismo, con tal de defender el ideal que tiene de sus padres, disculpa cualquier acción que hayan cometido en su contra, incluso culpándose a sí mismo al asegurarse que merecía ser tratado de esa forma.

- Consentir que les descarguen su furia y resentimiento. Algunos hijos permiten que sus padres les peguen para sacar su rabia. Hay ocasiones en que ofrecen voluntariamente su cuerpo para evitar que el padre agreda a alguien que consideran más débil, ya sea la madre o los hermanos. Por eso, cuando el padre agrede a la madre, el hijo sale en su defensa aunque le tundan. Algunos incluso han llegado a morir a causa de esto.
- Inculparse para hacerlos sentir bien. El hijo acepta culpas que no le corresponden para que los padres no se percaten de sus propios errores. Calla por amor y miedo. Les asegura a sus padres que lo que hacen está bien, aunque tenga claro que no es cierto. Quiere evitar que sus padres sufran, así que guarda secretos, cuenta mentiras y se responsabiliza de cosas que no hizo con tal de evitarles dolor.
- Sacrificar su vida. Algunos hijos al crecer toman bajo su control la vida de sus padres, generan una relación de dependencia, permaneciendo siempre junto a ellos. En detrimento de sus sueños y aspiraciones, ofrendan su vida con tal de quedarse junto a sus padres, aunque estos sean perfectamente capaces de valerse por ellos mismos; los cuidan porque así les enseñaron que debía ser. Los padres aceptan el sacrificio sin inmutarse, consideran que sus hijos están obligados a ello.
- Justificar sus actos. El hijo, ante el miedo que siente de ser desleal a sus padres, prefiere creer que no le hicieron daño con mala intención y justifica el dolor que le ocasionaron. Por ejemplo, si su madre le decía que si no le pegaba no obedecía y su padre tenía demasiados problemas para ocuparse de él. Si sentía que no debería exigir atención o que su presencia podía causar molestia, entonces las palabras de sus padres le convencieron de que era necesario tratarle así. Hoy prefiere justificar los malos tratos recibidos antes de sentir que falla en la lealtad incondicional que debe a sus padres.
- Por lo tanto, hoy quieres reconciliarte con tus padres y sentir fluir el amor entre ustedes. Estás dispuesto a hacer lo necesario para lograrlo, pero te preguntas por qué tus padres no actúan en consecuencia. Crees que si tus padres te amaran deberían mostrar interés en estar bien contigo o en que tú estuvieras bien con ellos. Piensas que deberían luchar porque en el hogar prevaleciera un ambiente de amor, pero eso no sucede, porque tus padres no distinguen lo que tú aseguras que falta.

Para reflexionar

✓ Me propongo detectar en mí aquello que he hecho para protegerlos; revisar la forma en que sacrifico mi estabilidad a cambio de que ellos no sufran.
✓ Al analizar mi historia comprendo que haber sido maltratado fue un sacrificio que hice por amor y lealtad a mis padres.
✓ Hoy que soy adulto no necesito repetir aquellos comportamientos con los que enfrentaba el dolor, ni protegerme del desamor o del miedo a sufrir; he crecido y mi vida hoy es diferente, de mí depende estar bien.

> Detrás de ese hijo que se esfuerza demasiado por ser querido se encuentra un niño herido que solo obtenía el amor de sus padres de esta manera.

¿Ves estas cicatrices? Fueron ellos... Los odio tanto.
Hubiera preferido que me abortaran cuando pensaban hacerlo.
Si no me querían, ¿para qué me tuvieron?
Kevin (40 años)

El sacrificio tiene consecuencias

Si reconoces que has sido leal a tus padres, sacrificando tu autoestima y respeto personal; si sientes que has mantenido una imagen idealizada de ellos que te ha causado una inmensa necesidad de amor, y por eso te has sentido humillado con sus actitudes y faltas de respeto: si has sufrido por ignorar cómo poner un límite que proteja tu dignidad, entonces tu sacrificio ha tenido consecuencias. Revisa cuáles podrías estar manifestando.

❖ ¿Crees que lo merecías?

De algún modo, en cierto momento empezaste a sentir que eras la causa de la conducta de tus padres. Esto surgió cuando tus padres te acusaron de ocasionar tales problemas en la familia que resultaba imposible amarte.

Si había pleitos y conflictos, te rechazaban y acusaban de ser tú quien los había ocasionado.

En resumen, te comunicaron que estabas mal y eso provocaba que no te pudieran amar. ¿Recuerdas cómo sufrías por causar problemas? Por más que te esforzabas, nunca lograbas evitar los malos tratos. Esto se debía a que tus padres, en vez de responsabilizarse de los problemas que ocasionaban, se evadían culpándote, te acusaban y se ensañaban contigo.

Desde entonces los encuentros familiares te aterran porque eres acusado de problemático y conflictivo. Cuando te señalan y se quejan de ti, te sientes menospreciado y acusado injustamente. Tienes la sensación de ser tú quien debe solucionar lo que ocurre, por eso das siempre cuanto has podido y aún así, no es suficiente.

Para sanar

Los comentarios negativos muestran las heridas de quien los manifiesta. Actuar a la defensiva te debilita. Opta por permanecer tranquilo, sin aceptar lo que se dice de ti. Cuando te falten al respeto, evita caer en su juego haciendo lo mismo. Procede con respeto hacia ti y hacia los demás, siempre.

❖ ¿Eres el hijo protector?

A veces los padres se comportan como si fueran incapaces de cuidar de ellos mismos y obligan al hijo a reemplazarlos en alguna de sus funciones o a atenderlos aunque sean capaces de ello. Hay muchas conductas paternas que te pueden llevar a esto. Si sufres cuando tu padre no llega a casa, si eres tú quien lo busca, si te enojas con su comportamiento y como consecuencia tratas de controlarlo y le exiges cumplir, entonces te has convertido en el hijo que protege y se hace responsable de ellos.

Si sufren alguna contrariedad, te preguntan cómo deben reaccionar, te piden ayuda económica, que cuides la casa y que tomes decisiones que les corresponden. Si tus padres te obligan a resolverles sus problemas, los roles se invirtieron, ahora eres el padre y ellos los hijos.

Para sanar

Crecer es ya no sentirte responsable de los problemas de tus padres ni de los conflictos que ocasionan. Como adulto, permite que cada quien enfrente las consecuencias de sus actos y decisiones. Reconoce también cómo influyen en ti las acciones de tus padres, sus problemas, actitudes, etc., y cómo las repites en tu vida diaria, permitiendo que te afecten. Cuando lo hagas, será más sencillo ponerles un límite para impedir que te sigan afectando.

❖ ¿Estás obligado a ser fuerte?

En ocasiones te halaga ser considerado por ellos, pues sientes que tus padres ven "algo especial" en ti y por eso te consultan, incluso te obedecen. Sin embargo, también sientes que es un abuso, una obligación que te quita libertad. No puedes actuar según tu parecer, pues dejarías de cumplir las actividades impuestas que te han cargado. Te sientes frustrado porque, aunque resuelves sus problemas, tus padres no ayudan y pareciera que provocan más.

Quieres volver a ser el hijo y que ellos sean los adultos, pero eso es imposible, ignoras cómo fue que te responsabilizaron de sus obligaciones. Estás cansado de sentirte el esposo de tu madre o la esposa de tu padre, porque ellos simplemente dejaron de asumir su responsabilidad. Lo que en un principio fue una muestra de amor de tu parte ahora te pesa, ya no es divertido. No quieres discutir con tu padre sobre el dinero, ni con tu madre por su actitud, tal y como lo haría el cónyuge que no eres ni quieres ser.

En mayores proporciones, puede ser incluso que tú manejes el dinero y los negocios de la familia. Te es imposible pedirles apoyo. Estás obligado a ser *fuerte*, ya que si te rindes, tus padres se derrumbarán.

Para sanar

No depende de ti *cargar* con tus padres; hacerlo te roba libertad, te compromete y los vuelve a ellos dependientes de ti cuando no necesitan serlo. Esta situación es injusta para ambas partes, todos pierden. Mejor propicia el respeto a la vida de cada quien.

Cuida a tus padres cuando sea necesario, pero cuando se requiera libertad, ten la confianza de que son capaces de cuidar de ellos mismos. Recuerda que ser adulto es hacerte cargo de ti y solucionar con responsabilidad tus propios problemas: ellos también son adultos.

❖ ¿Se te impide soñar?

Has dejado de soñar porque tus padres te impiden hacerlo. Sabes que, por muchas aspiraciones que tengas, vives como si una soga al cuello te sujetara. Si les hablas de tus metas, muestran su inconformidad, afirman que no tienes posibilidades, te auguran fracaso y dolor. Esto te tiene, además de molesto, frustrado y desesperado.

Quieres salir adelante, cumplir tus sueños, pero tus padres no lo permiten, pues quieren que hagas lo que dicen, alegando saber qué es mejor para ti. Te chantajean y manipulan diciendo que no sabes lo que te conviene y no puedes rebatirlos. Creen tener la razón y tu palabra no vale contra la suya. Incluso te han dicho que si buscas su respaldo, lo obtendrás haciendo lo que te ordenan. Debido a que temes contrariarlos y causar su enojo, no te queda más remedio que obedecer. Esto te ocasiona ira, el sometimiento te incita a odiarlos, aborreces su actitud posesiva.

Para sanar
Evita que tus padres frustren tus oportunidades. Ten muy claro lo que quieres compartir con ellos y lo que prefieres guardar para ti. Recuerda ser fuerte cuando escuches que tus padres no están de acuerdo con tus decisiones.

Piensa que lo único que necesitas es sentirte satisfecho contigo mismo, así que vas a elegir aquello que beneficia y alegra tu vida, sin permitir que te influyan intereses ajenos a los tuyos.

❖ ¿Eres fiel y obediente?
Si vives con el temor de contrariar a tus padres y obedeces a cuanto te piden, sacrificando tus posibilidades de salir adelante, en un corto tiempo te va a invadir la desesperanza. Vas a dejar de creer en tu futuro, te levantarás triste, tu trabajo te será desagradable, pues no será el que elegiste sino el que te obligaron a aceptar.

Con el paso del tiempo ya no te atreverás a soñar. No tendrás alegría, sentirás que la monotonía te arrastra, pero te habrás resignado a vivir entre la frustración y el enojo. Cuando quieras escapar de esta situación sentirás miedo, y si te dejas abatir, podrías llegar a pensar que quizá tus padres no estaban errados y no mereces recibir amor.

Para sanar
A veces los padres no quieren que sus hijos crezcan porque es el único poder que tienen para tenerlos bajo su control y eso les satisface. Si tus padres son así, puedes impedirlo.

Empieza por tomar pequeñas decisiones y felicitarte al hacerlo; aunque sean elecciones que puedas considerar como intrascendentes, hacerlo te dará cada vez más fortaleza para buscar tu camino sin obedecer a quien quiera imponértelo.

❖ ¿Necesitas ser aceptado?
Quizá tu dolor provenga de no ser aceptado por tus padres y para serlo, haces hasta lo imposible. Contrariarlos te asusta, te genera malestar. Crees cuanto dicen de ti, incluso si afirman que no eres suficiente. El miedo

a decepcionarlos te paraliza, vives tratando de quedar bien con ellos, de ganártelos, pero eso nunca ocurre.

Nunca están de tu parte, ni puedes darles gusto, pues siempre logran rechazar algo de ti. Sufres tratando de lograr su cariño, y de sentir que te lo mereces, pero es imposible lograrlo. Te exiges muchísimo; no estás conforme con lo que haces, pues quieres mostrarles tus logros y que se sientan orgullosos, que vean que tú puedes.

Esa angustia que sientes de fallarles, de no ser aceptado, *solo se detendrá en el momento en que* tú lo decidas, cuando te reconozcas a ti mismo, agradezcas tu vida y te alegres de ser como eres.

Para sanar

Aunque estés decidido a conquistar el amor de tus padres, y a hacer cuanto esté de tu parte para agradarles, date cuenta de que esta es una tarea imposible. Tus padres siempre exigirán más, porque su insatisfacción y reclamos no surgen de algo que te falte, sino de las necesidades que tienen como personas.

Si vives para darles gusto, en realidad les estás reafirmando la idea de que pueden exigirte más; y es que, en tu afán por satisfacer sus demandas, les confirmas que necesitas que te digan qué debes hacer.

❖ ¿Solo recuerdas el dolor?

Al pensar en el pasado, tienes pocos recuerdos agradables de tus padres, la mayoría abre las heridas que ellos te ocasionaban. Hoy, sus acciones te siguen hiriendo y cuando las recibes, te aferras al dolor.

El pasado y el presente se vuelven contra ti, recordar duele, así que selecciones tus recuerdos para no martirizarte más. Tratas de suprimir tu infancia de tu memoria porque ir allá te causa dolor. Sin embargo, en el presente no consigues ser feliz.

Te lamentas porque tu vida avanza y continúas sufriendo, frustrado por las decisiones que tomas. Esperas que de forma mágica termine tu sufrimiento porque estás tan acostumbrado a vivir así que buscar una alternativa te da miedo. Te sientes inseguro, crees que el dolor te fortalece, incluso estás orgulloso de él. Ten en cuenta que cuanto más grande es el dolor del hijo, mayor incapacidad tiene para poner orden en su vida adulta. En vez de resolver sus problemas, acusa a los otros, se justifica. Se vuelve ansioso y temeroso, recordar el pasado es una pesadilla. Se refugia en el presente para evitar analizar dónde comienza su dolor.

Para sanar

Empieza desde hoy a liberarte del recuerdo permanente de sufrimiento. Comprende que repasar una y otra vez el dolor que te ocasionaron te roba tranquilidad y te incita a la venganza. Haz recuerdos nuevos del presente donde valores los momentos en que puedes dar y recibir amor.

❖ **¿Buscas aprobación?**

Cuando buscas la aprobación ajena, te exiges dar gusto a los demás. Esta necesidad es inconsciente, ya que se encuentra oculta tras el anhelo de sentirte amado. El no ser aprobado por los padres puede manifestarse como un verdadero terror. Te impide razonar y actuar conforme a tu criterio por temor a caer en las actitudes que tanto critican tus padres.

Sin embargo, recuerda que si tus padres no te dan aprobación jamás van a hacerlo. Debido a creencias antiguas que confundían aprobación con engreimiento, antes se creía que apreciar las cualidades del otro engendraba a un ser egocéntrico. Se temía caer en la adulación, por lo mismo, se consideraba malo reconocer las virtudes del hijo, pues esto podría "echarlo a perder".

Se pensaba que ser humilde era ser capaz de aceptar y corregir los defectos propios, centrándose en ellos. Si se tenía algo bueno era por intervención divina. Aprobar era algo malo, así que se educaba a los hijos reforzando la idea de que no merecían ser aprobados. Por desgracia, esto generó en los hijos el efecto contrario, pues crecían inseguros y hambrientos de aprobación.

Para sanar

La necesidad de aprobación causa problemas. Para empezar, resulta difícil darte aprobación a ti mismo; esto es, cuando requieres aprobación ajena, dudas de ti y de tu capacidad.

Vivir así es como mantener una llaga abierta que no deja de doler. Recuerda que dentro de ti está la medicina que detendrá tu sufrimiento y consiste en aceptar y aprobar a la persona en que te has convertido. Habla bien de ti, muestra alegría por quien eres, aprende a disfrutar de tu propia compañía.

❖ **¿Necesitas sentirte apoyado?**

Desde hace tiempo vives esperando el apoyo de tus padres, quisieras que te dieran lo que te negaron o al menos lo que te corresponde por ser su hijo. Si a otros pueden ayudar ¿por qué a ti no? Debido a la falta de apoyo de tus padres, tal vez hayas tenido que trabajar para proveer tus necesidades. Aunque te satisface tu independencia, también quisieras sentir algún respaldo de tus padres de forma abierta y desinteresada.

Tus padres pueden ser generosos con otras personas, pero tratándose de ti, nunca se esfuerzan, por el contrario. Has carecido de lo más elemental de parte de ellos, pues si alimentos y casa no te faltaron, estos fueron casi una dádiva porque era su obligación.

A veces piensas que te cuidaron porque no les quedó otro remedio, aunque te consta que con otros no actúan igual, por ejemplo, con tu hermano. El trato hacia él fue diferente. A tu hermano le brindaron cuanta cosa se le ocurría mientras a ti no solo no te apoyaban sino que incluso te exigieron dar parte de lo que obtenías.

Eso generó en ti un deseo de obligar a tus padres a que te ofrecieran una parte de esa protección.

Para sanar

No necesitas tener expectativas acerca del respaldo de tus padres hacia ti. Estas son un lazo que permanece fuerte e impide a los hijos lograr su independencia, pues están concentrados en encontrar a sus padres idealizados, ya sea para deslumbrarlos o para reclamarles su ausencia de cuidados.

Es mejor que seas tú el proveedor de tus necesidades a que mantengas la expectativa de que alguien más estará ahí.

❖ ¿Quieres que recapaciten?

Te enfrascas en batallas interminables donde tu único afán es conseguir que tus padres acepten sus errores y reconozcan haberte herido. Ninguna discusión te parece inútil. Te faltan palabras para explicarles la forma en que su manera de ser causa dolor, pero nada parece funcionar.

No puedes dejar de pelear con ellos, piensas que la única forma de estar bien sucederá cuando ellos por fin recapaciten y comprendan que te están hiriendo. Por ello, no te importa perder el tiempo que pasas discutiendo con ellos, esperando en algún momento hacerlos reaccionar.

Lo que es más, en tus discusiones buscas adeptos, solicitas el apoyo de tus hermanos, o quien sea que pertenezca a la familia y te pueda ayudar a convencerlos de que actúan mal.

Para sanar

Necesitar que otro cambie para sentirte bien es depender de ellos. Si tus padres no concuerdan con tu manera de pensar, no van a cambiar de idea por mucho que te esfuerces en lograrlo.

Las discusiones se prolongarán sin fin, no hay manera de que logres convencerlos y con cada discusión se molestarán más contigo. Te verán como el hijo quejoso, inconforme con sus padres y familia.

Al final, las discusiones solo harán que te rechacen más, ellos se aferrarán más a su punto de vista, y jamás querrán concederte la razón.

Afirmaciones de amor

♥ El apego a lo que deberían ser o hacer mis padres me ha mantenido ciego. Hoy lo dejo ir.
♥ Me decido a encontrar dentro de mí la fuente inagotable de amor que permitirá mi crecimiento sin esperar el cambio en los demás.

Respeto hacia uno mismo; templo de ecuanimidad.

Solo porque soy su hija me quedo callada.
Me moriría de vergüenza si mi padre descubriera
que mi madre mete hombres cuando él no está en la casa.
Nelly (22 años)

La base es el respeto

Respetar significa permitir que el otro pueda ser quien es sin que tú intervengas. Por eso, te permite desear la felicidad del otro, pero desde lo que él desea para sí, no lo que tú podrías estar imponiendo. Al respetar reconoces que no sabes más que el otro lo que es bueno para él, y que él no debe permanecer donde tú quieres, pues tu función no es hacerte cargo de su vida. Quieres que se mantenga en un lugar donde pueda ser feliz, que haga lo que desee, que se realice y se haga responsable de sus decisiones.

Reflexión de paz

🕊 El respeto es indispensable cuando quieres mejorar la relación con tus padres. Muestra que respetas, no pretendas que cambien para que tú seas feliz. Deja que sean quienes son sin importar lo que pienses, aunque veas que sus ideas no coinciden contigo. Respeta, sin obligarlos a actuar como tú crees que deberían, pues quizá tus padres están más comprometidos con mantener sus ideas que en empatizar contigo. Al implementar el respeto como base de la relación con tus padres, te centras en ti y mantienes en amorosa observación tus necesidades, e impides que tus padres se propasen contigo. Respeta, no demandes. Dirige tus expectativas hacia ti, y manténlas dentro de una expectativa realista, basadas en lo que tú puedes lograr.

Afirmaciones de amor

- ♥ Me mantengo objetivo, no permito que temores, ni propios ni ajenos, controlen mi vida.
- ♥ Utilizo mi sentido común para tomar decisiones, permito que el amor que siento por mí sea mi guía.
- ♥ Me escucho y me respeto. Hacerlo me hace feliz.

CAPÍTULO 4

RECONOCE TU SENTIR

El hijo no amado necesita aprender a distinguir esos pensamientos que lo llevan aún más al dolor.

Amor propio es detectar cómo repite en sí mismo lo que le hace daño.

Solo pienso en sacar esta rabia que me quema por dentro.
Imagino morir y matarlos a todos conmigo.
Ya no quiero vivir con tanto dolor.
Ryan (43 años)

Si eres un hijo no amado será imposible recuperar la infancia que te robaron cuando te obligaron a crecer al ser traicionado por los seres en quien más confiabas. Quizá te sientes desesperado cuando comprendes que deberías perdonar el daño infligido, tal vez anhelas modificar la relación con tus padres para que fluya el amor, pero te resulta imposible hacerlo.

Inconscientemente, el dolor se queda como una forma de revancha hacia tus padres, te fortalece. Si sufres, te permite recordar que ellos lo provocaron. No puedes olvidar, pues crees que eso les daría paz y piensas que no la merecen. No obstante, debido a que te sientes culpable por este afán de venganza, tus sentimientos fluctúan entre el resentimiento y las falsas expectativas.

El amor se encuentra escondido bajo capas de enojo, miedo o decepción que, al ser lo único que conoces, te dan la sensación de estar protegido por si alguien pretende volver a lastimarte.

Para lograr superar ese dolor que te impide fluir y amar, necesitas reconocer que esa gama de sentimientos que manifiestas es consecuencia del dolor infligido contra ti, no le temas ni lo rechaces. Pero, para evitar repetir los errores cometidos contigo, es indispensable valorar la importancia de agradecer tu vida. Debes impedir que el rencor se adueñe de ti; de otra forma, estarás condenado a repetir la historia. Empieza por tomar decisiones que te favorecen. Desde hoy tienes la oportunidad de cambiar tu vida y llevarla hacia el amor.

Analiza cómo te sientes al leer las siguientes frases:

- Si el dolor es frecuente en mi vida significa que tengo trabajo interior que atender.
- Aunque hoy tenga dificultades para creer en mí, puedo aprender a amar y con eso mejorar mi vida.
- No necesito que mis padres sanen sus heridas para sanar yo mismo.

❖ Respeta lo que sientes
Las emociones de dolor fluyen con facilidad cuando no estás en paz. Por lo mismo, debes reconocerlas como consecuencia del dolor vivido y respetarlas, pues fueron una fortaleza que te guareció cuando la necesitabas. Aunque en ocasiones creas que las emociones te definen, no es así. No te califiques ni juzgues como enojón, renegado, criticón, mentiroso, etc. Mejor comprende que tuviste que actuar de esta manera para protegerte del dolor en el que vivías. Puesto que no sabías si volverías a necesitarlas al crecer, no pudiste deshacerte de ellas.

Hoy las mantienes contigo para defenderte cuando piensas que te están atacando. Busca un tiempo para reflexionar acerca de cómo cada herida que te hicieron provocó en ti las emociones que hoy te dirigen. Míralas con respeto, sin negarlas ni sentirte mal por ellas.

Solo comprende cómo han estado ahí para guiarte en tu proceso de sanación. Aceptar la existencia de esas heridas es un paso esencial en tu camino: al reconocerlas y respetarlas te darás cuenta de que ya no las necesitas, entonces podrás soltarlas y con ello, dejar ir al niño maltratado y convertirte en un adulto lleno de amor.

Para reflexionar

✓ Al soltar a mis padres, dejo ir juicios e idealizaciones, me muevo hacia la libertad y el amor.
✓ Soltar a mis padres significa tomar consciencia de cuáles son esos sentimientos que me llevan al dolor y causan fricciones en mi vida.
✓ Reviso cómo mis expectativas me impiden mantener la estabilidad y reconocer lo bueno que sucede en mi vida.

El enojo hacia los padres proviene del amor no correspondido.

Vengo a que me ayudes a perdonar a mi madre.
Ya estoy vieja y sigo enojada con ella.
Hace mucho se murió, pero con mi odio no puedo dejarla descansar en paz.
Amelia (67 años)

Enojo

El enojo hacia los padres no siempre es fácil de reconocer. El hijo puede tener miedo de aceptar su enojo, pues creerá que esto ocasionará que lo amen aún menos. Estar enojado con tus padres no significa haber provocado su maltrato hacia ti, ni que lo merecieras. Estar enojado puede asociarse con perder el control y ser rechazado por ello. Incluso con ser el "malo" de la relación, pero esto no es real. Por eso, estar enojado con tus padres no significa que seas una mala persona, no debes juzgarte por sentirte así.

El enojo es una emoción que surge para que puedas defenderte y, por lo mismo, tal vez lo conozcas demasiado bien, pues si hubo maltrato en tu vida, no tenías otra arma para defenderte. No debes juzgarte por sentir enojo, tampoco desarrolles sentimientos de culpa. Cuando sientas el enojo, observa la razón por la que está surgiendo, esto permitirá que comprendas lo que quieres mejorar en tu vida.

❖ Enojo de hijo

Un hijo puede estar tan enojado con su padre o su madre, incluso con ambos, al grado de sentir un odio profundo que le quema por dentro. Este enojo lo llevará a dañarse a sí mismo y a impedir que quienes lo aman puedan relacionarse de forma saludable con él. Si no se reconoce, este enojo permanecerá latente, alimentándose de las decepciones de la vida.

El enojo impide el sentido común y el razonamiento. El hijo enojado puede convencerse de que los demás están en su contra y, por lo tanto, usar ese sentimiento para defenderse. Este enojo tiene raíces en la decepción de no haber sido amado por sus padres y en la injusticia que cometieron con él. Debido a que anhela una reacción diferente, un cambio de actitud, puede encontrar en el enojo una solución para intentar obligar a sus padres a arrepentirse de su crueldad y ofrecerle el amor negado.

Con ello, puede decidir permanecer siempre así, dispuesto a mostrar su rabia en cualquier momento y ante el menor conflicto. Es necesario reconocer que detrás de esa furia desmedida solo está un hijo que reclama amor y que nunca ha sido escuchado.

❖ ¿Aceptas tu enojo?

El enojo proviene de sentirte decepcionado de tus padres. De aquellas ocasiones en que esperabas que te demostraran su amor, y en vez de hacerlo hirieron tus sentimientos, te flagelaron y traicionaron. Quizá tu infancia fue triste y no tienes recuerdos hermosos debido a la conducta que tus padres tuvieron contigo.

Tienes también ese anhelo de que algún día tu padre o tu madre valore tu sufrimiento, se arrepienta y te diga: "Perdona mis errores hijo, lamento haberte herido, desde hoy seré diferente contigo y te amaré esforzándome en ser un padre amoroso para ti".

Sin embargo, mientras esperas que su amor surja y se manifieste, tus sentimientos siguen siendo heridos ante las repetidas muestras de desamor que tienen para ti. Por supuesto, una vez que seas consciente de que es imposible que fluya el amor entre ustedes porque tus padres ni siquiera perciben cuánto te han herido, quizá entonces decidas vivir enojado porque no corresponden al amor que les tienes.

Para reflexionar

- ✓ El enojo hacia mis padres me mantiene atado a ellos. Permanecer enojado es negarme a crecer.
- ✓ A través de mi enojo y reproches sigo exigiendo que me demuestren amor.

✓ Cuando logre reconocer la causa de mi enojo daré el primer paso hacia mi libertad.

❖ La razón del enojo

Cuando reconoces que estás enojado con tus padres, descubres que ese enojo es una forma de aferrarte al vínculo entre ustedes. Con tu rabia ejerces presión y controlas la relación. Necesitas de tu enojo para controlar, para que evitar que abusen de ti, para que te respeten.

Por eso no quieres dejarlo ir, porque sería como si admitieras que el daño que te causaron no fue grave. Por el contrario, quieres que tu enojo sea un reproche continuo, es tu prerrogativa, lo único que te queda para sentirte bien. Si lo dejas ir, tus padres se quedarían sin culpa, y eso te desagrada. Quieres que recuerden y que paguen el daño que hicieron, aunque esto te desgaste emocionalmente.

❖ El enojo es amor no correspondido

Si analizas el fondo de tu enojo, descubrirás que bajo ese sentimiento se encuentra la necesidad de que tus padres te hubieran demostrado amor. Tú, como todos los hijos, necesitas del compromiso, amor y respeto por parte de tus padres. Estos principios que deberían guiar las acciones de quienes educan un hijo, muchas veces están ausentes o no pueden manifestarse.

Es cierto que los padres *deberían* amar a sus hijos, pero eso es un ideal. Como ya vimos, el desamor de tus padres es la consecuencia de las carencias emocionales ocasionadas por las circunstancias que ellos mismos vivieron y la forma en que aprendieron a reaccionar ante las mismas.

Para reflexionar

✓ Quizá mi enojo provenga de no ser amado por mis padres y con tal de que me amen, me falto el respeto a mí. Contrariarlos me asusta, me siento mal. Esa furia que siento por no ser amado solo se detendrá en el momento en que yo lo decida.

❖ La elección de vivir enojado con tus padres

Le llamo *elección* porque los hijos no amados decidimos vivir así, enojados, aunque se necesita mirar con atención dentro de nosotros para reconocerlo. Sin embargo, el enojo solo es amor no correspondido. Así que ahí, en el fondo del enojo, incluso del odio, está un hijo cansado de haber rogado amor y haber sido ignorado. Dentro de ti está oculto el amor, porque no puedes expresarlo sin temor a ser lastimado. Ahora que has crecido puedes dejar de exigir a tus padres que te quieran, sobre todo si has comprendido que ya no eres una prioridad para ellos. Tus padres tienen su propio dolor para ocuparse y tu bienestar y sentimientos no son su preocupación. Sin embargo, el amor de hijo siempre desea ser correspondido, incluso más allá de la esperanza.

Quizá estés cansado de buscar una explicación a su desamor, quizá ya no puedas justificar sus actitudes una vez más, pero el amor que sientes por tus padres vive en ti, dispuesto a manifestarse una vez que se sienta seguro de que no será herido.

Afirmaciones de amor

♥ Reconozco mi enojo, lo acepto y lo dejo ir. Permito que fluya el amor hacia la vida que me transmitieron mis padres, necesito estar en paz.

♥ La base de la semilla de la vida es el amor entre padres e hijos.

Dejar de juzgar es evitar pensar en palabras como estar mal o bien. Esas dudas de hacer lo correcto o incorrecto son para los hijos pequeños. Un adulto analiza las consecuencias y actúa según lo conveniente que podría ser proceder de cierto modo.

No importa cuánto me esfuerce, nunca valoran lo que hago ni quién soy.
Jamás han dicho: "¡qué bien lo has hecho, hija!"
Solo me critican, me juzgan, me dicen que hago todo mal.
Sammy (59 años)

Juzgar

"No sé si estoy bien o estoy mal"; esta frase la profieren con frecuencia aquellos que juzgan. Viven con el temor a actuar bien o mal, por eso están atentos tanto a los actos ajenos como propios. Juzgarse a uno mismo es cruel. Por ejemplo, un hijo puede convencerse de que hizo algo para provocar el maltrato hacia él, y esto lo llevará a juzgarse y culparse. Con el tiempo este continuo autorreproche se convierte en una flagelación. En consecuencia, el hijo puede buscar fuera un perdón que no consigue darse a sí mismo.

Existen muchos hijos que al querer mitigar sus penas, se obsesionan con factores externos como con el fervor religioso, las terapias alternativas, incluso la lectura de cartas, la hechicería, etc. Piensan que en estas creencias encontrarán la paz que necesitan y se enganchan. Sin embargo, nada funciona si no se trabaja con uno mismo para obtener paz interior. Estas medidas paliativas quizá calmen de momento, pero el dolor permanecerá latente esperando manifestarse.

❖ ¿Juzgas a tus padres?

Hay ocasiones en que el dolor te lleva a juzgar cuanto dicen o hacen tus padres. Se dice que los hijos no deberían juzgar a los padres, pero es tan sencillo hacerlo y, al mismo tiempo, es tan complicado reconocer que lo hacemos.

Juzgar es el comportamiento que surge ante la rabia y la decepción, y te sirve para explicar por qué te fallaron. Es la respuesta a pensar en lo que *deberían hacer* tus padres si te amaran o al menos si fueran buenos padres.

Cuando juzgamos, dejamos de ser imparciales y benevolentes; buscas sus errores, analizas su personalidad y descubres que no son tan perfectos como tú pensabas. Entonces les dices que se equivocan, dejas de creer en su palabra y de confiar en su criterio. Te parecen tan graves sus errores que caes en los juicios como defensa a tus sentimientos lastimados; por eso sientes alivio cuando criticas su comportamiento.

De este modo, reafirmas que el otro es quien está mal y no tú. Hablar o pensar mal de tus padres te da una momentánea sensación de alivio. Con esto quieres controlar desde fuera lo que ocurre en tu vida; el problema es que, aunque juzgar a tus padres pueda ser un desahogo, en realidad a quien perjudicas es a ti mismo.

❖ ¿Estás juzgando?

Juzgar a nuestros padres es un proceso doloroso del que los hijos salimos lastimados, pues nos mantiene aferrados a nuestras falsas expectativas de lo que ellos deberían hacer si nos amaran. Nos mantiene atados a esa idea equivocada de que solo podremos estar bien cuando ellos cambien su actitud y su forma de tratarnos. Entonces nos quedamos enganchados al dolor.

En contraste, aunque a nuestros padres pudiera causarles dolor nuestra actitud, no podemos hacerlos rectificar en su conducta ni modificar la posición donde se encuentran.

Para reflexionar

✓ Para crecer necesito reconocer la forma en que dudo de mi capacidad y le doy mayor importancia a lo que piensan los demás de mí.
✓ Comprendo que al juzgar a los demás me hiero sobre todo a mí mismo, pues me impide ser libre.
✓ Estoy dispuesto a desafiar mis creencias para encontrarme a mí mismo.

❖ Respeto para no juzgar

Tus reacciones, tus estrategias, incluso tus principios, se han formado con lo que te ha funcionado. El mundo es diverso y está lleno de miles de personas a quienes sus ideas les sirven de acuerdo con sus aprendizajes. Por eso encuentras personas con ideas tan diferentes a las tuyas.

Cada quien actúa conforme a lo que aprendió, verlo de otra manera sería juzgarlos y no tratarlos con respeto. Por eso, cuando emites un juicio hacia otro, en realidad hablas de ti.

Si reflexionas en cada aseveración que haces de otra persona, obtendrás información valiosa que te ayudará a descubrirte.

❖ Aprendiendo a no juzgar

Aprender a no juzgar es un proceso que requiere que detectes cuándo y cómo criticas, rechazas o ensalzas algo solo porque coincide con tu manera de pensar. Requiere comprender que, así como tú crees que estás en lo correcto, así también lo creen los demás. Querer imponer tus ideas es injusto ya que cada quien tiene derecho a pensar y actuar como mejor le convenga.

Tus ideas funcionan para ti, son tu adquisición debido a las circunstancias de tu vida. Las usas para enfrentar los problemas del mundo y también para disfrutarlo; que sean valiosas para ti no significa que vayan a funcionar en otra persona, ni siquiera en tus padres.

Aprender a detectar tus juicios es muy importante, pues ayuda a que mejores el concepto que tienes de tu persona y de los demás. Trata de detectar el momento en que juzgas a tus padres, y evita juzgarlos tanto como te sea posible. No juzgar es la base en la que cimentarás la reconciliación con tus padres.

Al dejar de juzgarles adquieres una sensación de empatía, respeto y aceptación por lo que vivieron. Dejas de anhelar que la vida sea como piensas que debería ser y comprendes que debe ser así, como está sucediendo, porque a través de lo que te ocurre detectas y solucionas cualquier situación que traiga dolor del pasado.

Afirmaciones de amor

- ♥ No tengo que hacer algo especial para ser amado. Aprendo a amarme solo por ser yo.
- ♥ Soy mi persona favorita.
- ♥ Todos somos hijos de la vida, nadie hay mejor o peor que yo.

Conforme el padre demuestra su falta de compromiso, el hijo se va llenando de resentimiento hasta que la imagen del padre ideal queda destruida. Su esperanza se transforma en una profunda decepción y desde ahí surge la rabia. El hijo odia a su padre cuando se destruyen sus expectativas de ser amado.

Mi padre tiene las manos manchadas de sangre. Por eso todos le tienen miedo, saben que es malo. Quiero que deje esa vida pero por más que le ruego, él no parece querer cambiar.
Emily (48 años)

Decepción

Si la imagen de tus padres ha disminuido para ti es probable que te hayan decepcionado, que hayas tenido que renunciar a contar con ellos, porque comprobaste que sus palabras y acciones no comunican congruencia ni amor. El hecho de que no busquen mejorar su vida y vivan con inercia, sin esforzarse por ser mejores, fomenta tus sentimientos de enojo y rechazo.

Quizá alguno cayó en adicciones, infidelidades o en conductas que lastimaron a la familia y eso deterioró su imagen ante ti. Cuando viste que eran incapaces de ser congruentes, el respeto que les tenías se hizo pedazos.

Ahora, al dirigirte a ellos no puedes evitar que tus sentimientos se revelen, te quejas de sus actitudes, te es sencillo mostrarles tu molestia. Incluso puedes tratarles con desprecio, groserías y sarcasmos para dejar claro tu pensar. Tampoco te sientes mortificado, al contrario, aseveras que tu actitud es consecuencia de sus actos y merecen que los trates así.

❖ ¿Te sientes decepcionado?

Como hijo esperarías que tu madre diera todo por ti, que te amara de ese modo sublime, como has entendido que una madre sabe hacerlo. Pero como no es así, te sientes frustrado, enojado, decepcionado y confundido. Quizá te culpes por su actitud y pienses que has hecho algo malo y mereces ese trato. O tal vez, cuando te decepcionas ante su falta de compromiso la justificas y defiendes con tal de mantener esa imagen de madre amorosa.

Por miedo a decepcionarte le exiges que responda a los cánones de madre perfecta; sin embargo, pese a tus reproches, amenazas y sentimientos doloridos, ella no te entrega ese amor que anhelas: sigue actuando igual y no da señales de querer cambiar.

Aun así no quieres rendirte, es más fácil tener expectativas que comprender que ella no tiene la capacidad de amar que tú deseas. Te sientes confuso y abatido. Por un lado, necesitaste de su amor y, por otro, es difícil aceptar que ya te ha dado cuanto te podía dar.

Con respecto a tu padre, quizá no hayas esperado de él un amor extraordinario, pero sí que fuera responsable, protector y dedicado a su familia. Si tu padre no fue así, te sientes frustrado y dolorido.

Tal vez ocultes tu decepción con indiferencia, dices que no lo amas y que no te interesa qué pueda ser de él. Quizá manifiestes enojo y rechazo, o lo critiques y pienses que es un pobre diablo. Te cuesta mantener contacto con él, su presencia pareciera no importarte; sin embargo, dentro de ti, sabes que es tu padre y quisieras que la vida hubiera ocurrido de otra manera.

❖ Detrás de la decepción

Te decepcionas de tus padres porque te duele su indiferencia hacia su mayor responsabilidad: educar a sus hijos; que no les importe herirlos con su desamor y falta de cuidados. Te sorprende no encontrar en ellos ese amor inmenso del que oíste hablar. Si les hablas de tus necesidades no te creen y te llaman desagradecido; prefieren acusarte de ser tú el culpable de su forma de actuar. Si es doloroso percibir que no te aman, más lo es reconocer que esto no tiene remedio.

Los hijos no queremos decepcionarnos de nuestros padres, son nuestros ídolos, los hemos imitado y admirado. Los defendemos incluso prefiriendo culparnos de sus acciones y actitudes. Duele descubrir que no son como los idealizamos.

Con actitudes como el enojo o el rechazo, pretendemos hacerlos recapacitar. Comprender su incapacidad de amar causa dolor, porque significa volver a asignar lo que aprendimos dándole una connotación diferente, renunciando a estructuras mentales a las que estamos adheridos. Es como cortar la raíz de golpe y esperar a que el árbol vuelva a crecer. Es descubrir que lo que nos hacía sentir seguros, se ha desmoronado.

❖ Sanar la decepción

Los pensamientos de decepción son el resultado de tus expectativas. En algún momento aprendiste que tus padres *deberían* amarte, así que exiges ser amado de acuerdo con tu entendimiento.

Cualquier otra situación te parece un fraude. Te convences de tener derecho a estar inconforme y furioso por las injusticias que cometieron contigo, incluyendo su falta de amor. Se genera en ti un anhelo de cambiarlos que te nubla la razón. Tu permanente exigencia por demostrarles que están equivocados es la forma en que te vinculas con ellos.

Sin embargo, esos padres que anhelas, los que crees que deberían ser, solo existen en tu imaginación, en las expectativas que elaboraste acerca de lo que deberían hacer por ti. De ahí proviene la decepción, de esperar que tus padres hagan lo que crees que deberían. Como no lo hacen, te sientes herido, lo cual te ofusca y te impide ver quiénes son realmente; lo que consideras sus defectos resaltan ante tus ojos. Y aunque tus necesidades insatisfechas te impiden verlos de manera objetiva y amorosa, verlos de forma negativa no evita que anheles que puedan demostrarte su amor.

Para reflexionar

✓ Al crecer dejo de pretender encontrar congruencia en mis padres, renuncio a entender su forma de pensar.
✓ El respeto hacia ellos evitará que me sienta desesperado, sorprendido y decepcionado.
✓ Me ocupo de sanar mi vida, en vez de intentar corregir la de los demás.

El otro tiene derecho a actuar como mejor le convenga. Por respeto propio, evito insistir y presionar para que actúe según mis expectativas.

A mí no me quería, y nunca lo disimuló. Crecí intentando lograr su cariño pero fue imposible. Hace tiempo descubrí que no soy su hijo y él siempre lo supo. Mi madre nunca me lo dijo. Su engaño destrozó mi vida.

Luke (45 años)

Expectativas

Esperar que nuestros padres sean perfectos, amorosos, responsables y estén siempre pendientes de nosotros es una ingenuidad. Tus padres son solo un hombre y una mujer como cualquier otro ser humano. Para los hijos es difícil comprender esto; esperamos que respondan a nuestras expectativas y les conferimos el poder de hacernos sentir bien o mal, según sus deseos o su humor.

No es sencillo eliminar de nuestro subconsciente estas ideas, pues admitir que no son perfectos es difícil de manejar. Nos sentimos culpables de verlos sin idealizarlos, pues nos han inculcado que a nuestros padres hay que venerarlos.

Desde niños aprendimos que no está permitido hablar mal de ellos ni llevarles la contraria; sin importar cuáles sean sus acciones, debemos mantenerles lealtad, ya que no hacerlo nos convierte en malos hijos. Así, es más fácil culparnos o convencernos de que merecíamos su desamor, que aceptar que nuestros padres nos hicieron daño por falta de amor.

Para un hijo, es impactante descubrir que sus padres no saben amar. Es asumir la derrota de una guerra interior donde se defendían las expectativas del amor perfecto que deberían brindarle sus padres; un amor que suena glorioso pero absolutamente irreal. Todo ese cúmulo de emociones da miedo. Comprenderlo es un paso enorme para convertirnos en adultos y dejar de necesitarlos. Debido a que siempre hemos vivido anhelando su amor, el solo pensar que debemos aprender a actuar sin exigirles que nos amen provoca en nosotros un inmenso miedo. Superarlo es un reto que debemos enfrentar.

❖ Respeto mis ideas, tus ideas...

Nuestras expectativas como hijos son fuertes, nos aferramos a ellas; es difícil dejarlas ir porque su renuncia parecería implicar darnos por vencidos, pero no es así. Crecer significa que tú puedes ser tu única fuente de aprobación y amor. No necesitas que otro te diga que eres amado para sentirte bien. El verdadero amor hacia ti aumenta cuando te decides a mejorar tu vida, y reconoces que tú tienes la fuerza para dejar de sufrir. Cuando dejas de exigir a tus padres que sean perfectos y logras relacionarte con otras personas, te vuelves afable y generoso. Aquí es donde comienza tu libertad, en la oportunidad de sentirte bien sin pedir a los demás que sean como tú lo necesitas. Tu necesidad de ser aprobado y amado termina, pues permites a los otros ser como saben ser. Así, respetas al otro y a ti mismo.

Para reflexionar

- ✓ Esperamos. Los hijos no amados siempre esperamos a que un sentimiento maravilloso surja en nuestros padres y nos demuestren su amor.
- ✓ Ser adulto es dejar de esperar. Es comprender la realidad.

❖ Deja de esperar

Amar a nuestros padres es difícil cuando ellos no nos han enseñado a hacerlo. Si tus padres te enseñaron a no creer en ti, a criticar y a juzgar, tal vez te sea complicado soltar esta costumbre de pensar por otros y adquirir nuevas y diferentes maneras de ver a las personas. Crecer duele, también renunciar a aquello por lo que hemos soñado. Una estrategia para vencer el dolor es aprender a perder, a bajar los brazos cuando ya no sea posible mantenerlos en alto, a dejar de luchar por algo que no será.

Cuando un hijo se da por vencido y comprende que sus padres no le darán más de lo que ya le dieron, tiene la posibilidad de dárselo a sí mismo. Renunciar a nuestras expectativas es un proceso que requiere tiempo y deseos de salir adelante. El amor hacia nuestros padres es la base para lograrlo, con él un hijo puede vencer al miedo, deshacer sus expectativas y formarse un camino nuevo para sí mismo, haciendo cimientos en su amor propio.

Afirmaciones de amor

- ♥ Empiezo hoy a vivir bien, aunque mis padres se hayan negado a amarme.
- ♥ Ya no voy a esperar que me amen, hacerlo aplaza mi felicidad y detiene las acciones que debería tomar.
- ♥ Hoy puedo dejar el pasado atrás y ser feliz. Yo puedo aprender a amarme.

Utilizar el sentido común para tomar decisiones, ayuda a que el miedo impida crecer.

Mi padre llegó borracho y dando de tiros.
Mi madre le rogaba "por los niños, Juan, por los niños",
esas fueron sus últimas palabras. Nunca se lo voy a perdonar.
Iván (57 años)

Miedo

El miedo dirige muchas de nuestras reacciones cada día. Manda sobre nuestros pensamientos y emociones como un peligroso contendiente que no está dispuesto a darnos paz, controlando ese momento donde la realidad se impone. Creemos que no podremos con el dolor de admitir que nuestros padres no han aprendido a amarnos. Antes que eso, anhelamos que surjan los padres que creíamos que eran, que no nos decepcionen, porque enfrentar su desamor duele tanto como verlos tal cual son.

Con tal de evitar sufrir, les exigimos ser esos padres amorosos y confiables que creemos necesitar para ser felices. El mundo dice que el amor de los padres es perfecto e incondicional; por consiguiente, nuestros padres deben amarnos de esta manera, por un amor así somos capaces de esperar toda la vida. Pero el dolor nos dice que es momento de trabajar en nosotros, no podemos ser hijos exigentes y demandantes. Tenemos que crecer y empezar otra vez.

❖ Miedo al cambio

Debido a que este nuevo inicio asusta, preferimos atacar las ideas de nuestros padres, repudiando sus conductas, criticando su manera de ser, para así mantenernos igual. No obstante, el dolor dice que debemos crecer. Renunciar al ideal que fabricamos de ellos es dar un gran paso; pero romper esas últimas ataduras puede hacernos sentir miedo. Es más sencillo insistir en seguir siendo pequeños que aceptar que ya somos adultos y que debemos movernos hacia nuestro bienestar emocional. Es más fácil insistir en nuestras expectativas e idealizaciones, aunque nos sintamos heridos y nos mantengamos en esa posición de pequeños y necesitados.

Para reflexionar

✓ Me desprenderé de esos roles a los que me he enganchado a manera de protección o por la creencia de que me vuelven mejor hijo. Asumir que mis padres me necesitan y no pueden resolver sus problemas sin mí, me impide hacerme cargo de mi vida y disfrutarla.

✓ Para ser feliz necesito reconocer que mis padres cargan su propio dolor y que su consecuencia es herirme. No importa si no evitaron dañarme, es mi momento de crecer a pesar de ello.

❖ **¿Tienes miedo al desamor?**

El miedo es mal consejero, te hace dudar de tu capacidad de amarte, incluso te hace pensar que eres solo lo que tus padres dicen. Cuando el miedo a no ser amado por tus padres es tu vínculo con ellos, te provoca la necesidad de mantener tu dependencia emocional.

El miedo te hace creer que si los sueltas vas a caer y con esto evitas la oportunidad que tienes de crecer y volverte adulto. El miedo te dice que los gritos, reclamos y enojos están justificados porque no hay otra manera de solucionar los problemas.

Por eso debes aprender a detectarlo y a analizar cómo te conduce a reaccionar, sin controlar tus emociones. Si el miedo te nubla la razón, te conviertes en un pequeño necesitado. Te convences de que te son indispensables las gotas de amor que recibes de manos ajenas, y de que no sobrevivirás si dejas de recibirlas, por eso necesitas reclamar cariño y aprobación.

Cuando dejas de tener miedo a no ser amado por tus padres, te mantienes centrado en lo que en verdad deseas para ti. Comprendes que tú puedes ser tu propia fuente de cariño, pues cuando te amas dejas de necesitar el amor de alguien más. Por eso, si dedicas parte de tu tiempo a aprender a detectar cómo te dominan tus miedos, al final te volverás más fuerte.

Afirmaciones de amor

♥ Mis miedos no me impiden abrir mis alas. Si espero a que me permitan alzar el vuelo, me quedaré varado en el mismo lugar.
♥ Mis padres no pudieron darme todo. Soy responsable de proporcionarme lo que necesito para dejar de exigirlo de ellos.

Reflexión de paz

🕊 Crecer da miedo porque es enfrentar lo desconocido. Para mantenerlo bajo control, sé objetivo, utiliza tu sentido común para tomar decisiones. Atrévete a realizar algo que te asuste y observa cómo sale bien, porque tú estás vigilando. Si comprendes que tú te cuidas y no necesitas que alguien más lo haga por ti, aumentará la confianza que tienes en tu propia persona. Empieza hoy poniéndote un reto pequeño, por ejemplo, dejar de participar en conflictos inútiles. Que tus miedos no te impidan abrir tus alas; si esperas a que te *permitan* alzar el vuelo, te quedarás varado en el mismo lugar. Dejar ir el miedo es reconocer que tus padres ya te han dado cuanto tenían, que ya no necesitas mantener la esperanza de que algún día, después de una enorme cantidad de reclamos, tus padres recapaciten y te ofrezcan el amor que mereces.

Para sanar repite las siguientes frases:

Hoy quiero

...reconocer la forma en que dudo de mi capacidad y darme cuenta de que le doy mayor importancia a lo que piensan los demás de mí.
...estar dispuesto a desafiar mis creencias para encontrarme a mí mismo.
...preferir la verdad, sin importar las consecuencias o hacia dónde me lleve.
...detectar la forma en que juzgo a los demás y el dolor que provoca en mi vida.
...respetar que cada persona es como desea ser. *Nadie tiene por qué ser como yo digo.*

Para recordar

- ¿Tengo sentimientos de enojo? Aunque tus sentimientos merecen respeto, si sientes enojo, resentimiento, rechazo o percibes que no agradas a las personas, recuerda que tus sentimientos no te definen, y que puedes aprender a manejarlos y cambiarlos cuando así lo decidas.
- ¿Mantengo expectativas? Cuando reconoces las expectativas que mantienes hacia tus padres, puedes diferenciar la imagen que tienes de ellos de lo que en realidad son.
- ¿Soy exigente? Dejar de exigir más de tus padres es comprender que ya te dieron cuanto tenían y que ahora en ti está proveerte lo que te hace falta para ser un adulto responsable y maduro. Está en ti cubrir tus necesidades o dejarlas de lado.
- ¿Justifico sus actos? Si por miedo a aceptar la realidad justificas los actos negativos de tus padres, te estás dando permiso para justificar tus propios actos negativos.
- ¿Hago juicios o críticas? La paz llega cuando no juzgas ni intentas cambiar la realidad. Solo observa los hechos contundentes, sin buscar explicaciones o intentar que se adapten a tu forma de pensar.

- ¿Tengo necesidad de cariño? Analiza el amor que crees necesitar de parte de tus padres. Detecta si sigues esperanzado a que se arrepientan y cambien la relación contigo. Esa necesidad de amor a la que te has aferrado te impide buscar una vida diferente para ti.
- ¿Impongo mis ideas? No caigas en discusiones inútiles, recuerda que presionarlos para que se adapten a tus ideas no te hace adulto, sino dependiente. Tus padres ya son adultos y no te necesitan para que les digas cómo vivir. Eres el hijo, es el lugar que te corresponde y el que aceptas con amor.

Afirmaciones de amor

- ♥ Aunque el dolor esté ahí ya no me da miedo, sé que puedo enfrentarlo.
- ♥ Me mantengo atento y sensible a lo que la vida me ofrece, no me aferro a lo que no será.
- ♥ Me decido a encontrar dentro de mí la fuente inagotable de amor que permitirá mi supervivencia.
- ♥ Me dejo absorber por el presente, dejo ir al pasado. Estoy agradecido de ser quien soy.

Capítulo 5

No era tu responsabilidad

Da fuerza entregar la responsabilidad del dolor, y sus consecuencias, a quien le corresponde.

> *Me costó mucho comprender que el suicidio de mi padre no fue mi culpa,*
> *aunque mi madre haya insistido en que así fue.*
> *No puede ser, yo solo tenía siete años cuando él se mató.*
> *Bert (55 años)*

Una vez que has comprendido por qué hubo dolor en tu infancia, necesitas reconocer que no fuiste responsable de lo sucedido. Eras un niño. La responsabilidad de tu cuidado y protección era de tus padres, aun cuando quieran deslindarse de ello, aunque hayan cometido errores. Sí, esa omisión de cuidados te hizo daño, pero para convertirte en adulto necesitas adquirir la responsabilidad de tu salud emocional y salir adelante a pesar de tus heridas.

No fuiste el responsable ni el causante del desamor de tus padres. Tampoco de que no te hayan protegido y cuidado. Su falta de amor proviene de su propio dolor y no de algo que pudiste haber hecho tú. A pesar de lo anterior, no hay forma de justificar lo que tus padres hicieron; por lo mismo, no puedes esperar a que sean diferentes para sentirte mejor.

Tampoco puedes vivir odiándolos, recordándoles el daño que te hicieron. A veces los hijos nos aferramos al odio como arma para castigar a nuestros padres; pero negarnos a sentir paz es un falso poder que creemos tener sobre ellos, una forma de aparentar tener el control; queremos que comprendan cuánto nos hirieron y que por ello merecen nuestro resentimiento.

❖ No sacrifiques tu felicidad

Sí, tus padres fueron malos contigo, pero no porque lo merecieras, tú no tienes la culpa de sus acciones. Para dejar de sufrir, trata de reconocer que vivir aferrado al resentimiento te impide ser feliz; tu enojo es tan grande que estás dispuesto a sacrificar tu felicidad con tal de mantenerlo. De nada te sirve que te tortures o te aferres a que tus padres se arrepientan y te desagravien. Esto te impone límites, porque al no soltar el daño que te hicieron, lo revives y te vuelves a herir. Es una muerte lenta que te roba paz. Mereces una oportunidad de vivir bien y esa solo puedes proveértela tú; nadie peleará tu felicidad por ti.

Para reflexionar

- ✓ No necesito proteger a mis padres de las consecuencias de su comportamiento. Ellos tienen la capacidad de enfrentarlas.
- ✓ Reconozco que detrás de aceptar una responsabilidad que no me corresponde estaba mi necesidad de amor.
- ✓ Con su falta de amor, mis padres me robaron la posibilidad de una infancia feliz. Hoy soy responsable de cómo vivir.

> La responsabilidad del cuidado de los hijos le corresponde a los padres. Un niño no puede cuidar de sí mismo, mucho menos de alguien más. Tampoco es responsable del maltrato que sus padres cometen contra él.

Tenía mucho miedo de quedarme sola con su novio.
Él me obligaba a hacerle cosas horribles. Cuando mi madre lo descubrió,
me gritó que la culpa era mía y me llevó a vivir con mi abuela.
Siempre creí que era mi culpa, que mi madre tenía razón.
Lynn (34 años)

Tú eras el pequeño

Tu sometimiento fue con abnegación porque tu amor de hijo es leal. En aquel entonces consideraste que guardar silencio y tolerar los abusos era lo mejor; debes respetar esa decisión, porque era tu única forma de sobrevivir. Ahora es momento de comprender que tampoco tuviste la opción de defenderte, eras un niño frágil y desvalido, aunque quieras verte de otro modo.

Ante tu incapacidad de valerte por ti mismo, sufriste maltrato; no te quedó más remedio. Cualquier comportamiento que hayas tenido de pequeño debe ser respetado por el adulto que eres hoy. Aferrarte a desear circunstancias distintas con autocensuras y reproches solo aumentará tu dolor. Si permites que tus pensamientos te torturen sin abarcar todos los aspectos de alguna situación, tenderás hacia lo negativo. Si sueles sentirte culpable y no detienes ese sentimiento, la culpa avanzará hasta impedir que actúes cuidando de ti. Si vives juzgándote, tu miedo a equivocarte te paralizará y hará que te reproches situaciones que salieron mal; recuerda, eras pequeño, no tenías posibilidad de controlar o detener.

Reflexión de paz

🕊 Respeta tu dolor, a pesar de que tu lealtad de hijo amoroso pretenda obligarte a idealizar a tus padres. Reconoce que detrás de tu historia de maltrato, existe el sacrificio que hiciste por amor a tus padres. Eras el hijo, el pequeño, sabías que necesitabas a tus padres, por eso no podías evitar que te hicieran daño.

🕊 Reconoce que ese abuso hacia ti dejó una herida que necesita sanar. Con cada herida que se te infligía, la posibilidad de una vida feliz disminuyó, pues se implantaron en ti el miedo y el enojo como formas de reaccionar ante las futuras desavenencias.

🕊 Reconoce cómo proteges la imagen de tus padres, creyendo que es a ellos a quienes les corresponde sanar, dándoles esa imagen irreal de padres necesitados, y que atacaste tal vez creyendo que si ellos cambiaban eso te haría más fuerte.

🕊 Respeta tu dolor para evitar sentirte desleal por descubrir cómo son. Reconoce que no necesitas proteger a tus padres de las consecuencias de su comportamiento, ellos tienen la capacidad de enfrentarlas. Reconoce que puedes desprenderte de esos roles a los que te has enganchado con la creencia de que te vuelven mejor hijo.

🕊 Reconoce que tus padres no te necesitan y pueden resolver sus problemas sin ti. Esto te dará la fortaleza suficiente para hacerte cargo de tu vida y disfrutarla.

El dolor que ocasionan los padres nunca es responsabilidad del hijo.

Un hijo no debe asumir que el daño que le hace su padre lo está provocando él.

Sus gritos aún retumban en mis oídos.
No me puedo perdonar dejar sola a mi abuela con mi padre alcohólico,
pero alguien tenía que sacar a mis hermanos de ahí,
antes de que mi padre también los balaceara a ellos.
Hice lo que pude, pero solo a ellos los pude salvar.
August (50 años)

Entrega la responsabilidad

Entregar a tus padres las consecuencias de sus acciones te liberará de una carga que no te corresponde. Tú eras el pequeño y no hay forma de que lo que te hicieron tus padres fuera ocasionado por ninguna acción tuya. El alivio llega cuando te ves como el niño y a ellos como los adultos que en vez de cuidarte, protegerte y amarte, te hicieron sufrir.

Para eso, lo esencial es aprender a despojarte de la culpa que pudiste haber tomado como tuya y entregarla a los verdaderos responsables. Devolver la responsabilidad de las injusticias cometidas contra ti te dará alivio. Si cuando eras pequeño te exigieron y consentiste en tomar una culpa que no te correspondía, lo hiciste porque no había otra manera de sobrevivir. Necesitabas seguir creyendo en tu familia y en el amor y la bondad de tus padres; quizá como hijo maltratado, la única forma en que conseguiste explicarte lo que sucedía fue convenciéndote de que merecías que te trataran así.

Observa cómo detrás de todas esas razones está tu fidelidad de hijo que se sometió al desamor de tus padres a pesar de todo. Si pudieras recordar, verías que detrás de tu opresión estaba el deseo de impedir un daño mayor a tu familia y la necesidad desesperada de sobrevivir: un peso con el que has cargado toda tu vida.

Si recordar el pasado significa volver a sufrir, quizá te niegues a mirar atrás. Para ello puede ser que te escudes creyendo que ya has perdonado o negándote a tocar el tema. Sin embargo, esa relación tirante que vives cada día con tus padres muestra cuánto hay aún que sanar.

Quizá uno de tus padres o ambos hayan muerto y creas que ya no te afecta el daño que provocaron en ti. No obstante, las heridas emocionales permanecen latentes. Mientras no entregues a tus padres la responsabilidad que les corresponde, muy probable será que te culpes, exijas y menosprecies. Es necesario que esa práctica nociva se detenga. Que lo hagas por amor a ti. Solo así serás libre, pues solo podrás amar a los demás a través del amor que has aprendido a darte.

❖ Entrego la responsabilidad que tomé como mía
   a los verdaderos responsables

Ejercicio para sanar

El ejercicio que haremos a continuación requiere concentración; también debes sentirte tranquilo para que puedas fluir mientras lo realizas. Un buen momento para hacer este ejercicio es cuando estás a solas y en calma. Si gustas, primero lee hasta el final, para que puedas llevar a cabo el ejercicio en el momento que consideres adecuado. Hazlo sin miedo, sin intentar justificar a tus padres, sabiendo que tú eres todo lo que necesitas y eres el único que va a cuidar de ti. Después, te invito a que lo realices las veces que quieras. No te preocupes por hacerlo bien, porque no hay modo correcto de hacerlo. Lo que importa es sentir cómo vas creciendo mientras lo haces. Hazlo al sentir dolor por recordar el pasado, o si aún te sientes indefenso ante el maltrato que te daban tus padres.

Debes ubicarte en un momento de dolor que recuerdes particularmente, aquel instante en que se te dañó y no pudiste evitarlo. Recuerda a ese niño que fuiste alguna vez y trata de evocar sus sentimientos de dolor y su impotencia. Luego, imagina a tus padres frente a ti siendo ese pequeño maltratado. Justo en el momento en que van a infligirte el daño. Eres un adulto, ya no eres un niño; pon una barrera y protege a ese niño del dolor. Imagina ahora que detienes a tus padres, que levantas tu mano e impides que sigan lesionando a ese niño.

Ahora di en voz alta:

¡No! ¡Basta ya! Nunca volveré a permitir que me hagas daño. Ahora soy grande y no recibiré tu enojo y tu miedo.

Haz una pausa. Respira con tranquilidad. Observa cómo retroceden tus padres, ya no pueden hacerte daño. Tú eres grande y fuerte. Puedes defenderte y decir: ¡no! Ahora es momento de que entregues a cada quien la responsabilidad que le corresponde. De que sin enojo y en paz digas a tus padres las siguientes palabras:

> Lo que hiciste conmigo, siempre será tu responsabilidad. Fue una injusticia, te aprovechaste de mí, de tu posición, de tu tamaño y fuerza. Yo era el pequeño, no me podía defender, pero ya nunca más.

Repite estas palabras tantas veces como lo consideres necesario. Siente esa fuerza que surge dentro de ti. Eres adulto y sabes que eres capaz de protegerte y de impedir que la injusticia que se cometió contra ti se siga propagando durante generaciones en tu familia.

Si con su falta de amor tus padres te robaron la posibilidad de una infancia feliz, hoy tú eres responsable de cómo eliges vivir. Al entregar a cada quien las consecuencias de sus actos asumes también la responsabilidad de tu vida. La felicidad de tu presente y futuro dependen de ti.

Frase de fuerza

Cuando tus padres intenten volver a herirte piensa esto con fuerza:

> Hoy rechazo tu enojo, no dejo que me contagies con tu dolor, no me hago cargo de tus heridas. Yo quiero sanar. Hoy elijo estar bien.

El equilibrio se restablece en el pasado cuando reconoces que no eres culpable de su desamor y tampoco causaste su daño hacia ti. No podemos cambiar el pasado, pero *sí* podemos discernir quiénes eran los verdaderos responsables de la salud emocional del niño que tú eras. Ahora que has crecido, el único responsable eres tú; tus padres ya no tienen que hacer algo especial para que encuentres tu camino.

Reflexión de paz

🕊 Con esto en mente, ahora sabes por qué, si durante tu infancia tus padres te trataron mal, hoy te puede costar confiar en los demás, cuidar tus emociones, tomar decisiones y pensar con claridad para solucionar tus problemas. No obstante, ahora te corresponde comprender que aunque no eres el responsable de la falta de amor de tus padres hacia ti, puedes impedir que el miedo y el enojo destruyan tu autocontrol. Busca que la reflexión y el análisis personal te ayuden a evitar que sigas creyendo que ellos deben hacer el cambio. Ahora depende de ti; solo es cuestión de que quieras transformar tu vida.

Afirmaciones de amor

- ♥ Soy responsable de cuanto ocurre en mi vida, yo puedo transformar mis heridas en oportunidades.
- ♥ Al entregar a cada quien las consecuencias de sus actos asumo también la responsabilidad de mi vida.
- ♥ La felicidad de mi presente y futuro depende de mí.

PARTE 3

MADUREZ

Capítulo 6

Crecer

Para un hijo es difícil mantener una relación de amor y respeto a sus padres, si estos aún lo ven como a un niño.

A él le corresponde demostrar que ha crecido.

> *Siempre habla mal de mí, me dice que no soy responsable,*
> *vive criticando lo que hago y el dinero que gasto.*
> *Jamás agradece que yo la mantengo y que si come es por mí.*
> *Shelly (44 años)*

Crecer significa dejar de pedir a tus padres satisfacer tus necesidades y permitirte conocer quiénes son realmente. Mirarlos no a través de tus expectativas sino de la realidad; sosteniéndote en la comprensión y manteniendo la firme decisión de ser valiente aunque la experiencia no sea agradable, con la determinación de responsabilizarte de ti al resolver solo lo que a ti te corresponde.

Toma un momento para revisar los obstáculos que tú mismo te impones, como las exigencias o el resentimiento. Cuando te permites vivir sufriendo, validas el daño que te hicieron, reavivas tus heridas y te mantienes sujeto a ese vínculo de dolor, probablemente porque temes que sea lo único que te une a ellos.

Quizá sea tu miedo a soltarlos y dejarlos ir sin haber logrado que te compartieran su dolor por haberte herido; tal vez creas que al menos te deben una excusa por el daño que te hicieron. Empiezas a sanar cuando comprendes que exigir a tus padres que alivien el sufrimiento de tu infancia impide que puedas hacerte responsable de tu propio bienestar.

A veces los hijos actuamos como si consid:eráramos injusto crecer. Queremos cobrar lo que nuestros padres nos deben antes de volvernos adultos. Nuestras necesidades insatisfechas nos hacen suponer que su amor debería ser incalculable, fervoroso y dispuesto a todo, y que si cumplieran nuestras demandas seríamos felices.

Entonces, en vez de ser conscientes de sus limitaciones, depositamos nuestra felicidad en su trato hacia nosotros. Confiar en que se arrepientan es ser ilusos; solo los niños esperan soluciones mágicas. Los padres no cambian porque un hijo les exija hacerlo.

Para reflexionar

✓ ¿Cómo les puedo demostrar a mis padres que ya he crecido? La solución sería hacerles ver que ya soy adulto, pero si me enfado y les reclamo juzgan mi actitud como inmadurez.
✓ Ser un adulto depende de mi actitud, no de la forma en que me tratan mis padres.

Ser adulto es cuestión de actitud, no de edad.

Cuando les presenté a mi novia ellos la corrieron, dijeron que no les gustaban las "zorras".
Stan (25 años)

Es momento de crecer

Aunque seas un adulto, tal vez tus padres se nieguen a ver que tú ya has crecido. Te lo demuestran cuando minimizan tus opiniones, cuando no te escuchan o te dicen que estás equivocado, valorando *más las opiniones* de personas ajenas. Esta situación te frustra porque quieres mantener una buena relación con ellos, pero es imposible. Tus padres te niegan respeto y te siguen tratando como si fueras un niño. Si quieres evitar que esto siga sucediendo, primero recuerda que ser un adulto depende de tu actitud, no de la forma en que te tratan tus padres.

Hay una gran diferencia en el trato que dan los padres a los hijos que han madurado de los que aún no lo han hecho. Un hijo pequeño y necesitado se frustra porque sus padres no respetan que ya ha crecido y les exige que lo traten diferente, creyendo que sus quejas le dan el nivel de adulto. Un hijo adulto sabe que presionarlos no es la única forma de que cambien su actitud, por ello no insiste en corregirlos.

Mira con comprensión su conducta y su modo de pensar, y se niega a entrar en controversias. Los deja actuar, pero cuando ellos lo tratan como si fuera un niño, responde como el adulto que es y con esto los padres se ven obligados a respetarlo.

Para que puedas fluir hacia esta nueva actitud, primero necesitas reconocer y revisar algunas manifestaciones de dolor que aún podrías no haber detectado.

Hay dolor si:

- Comparas a tus padres con tu imagen paterna ideal y los tuyos salen deficientes.
- Te has sentido avergonzado de ellos.
- Tu forma de tratarlos es grosera.
- Tus sentimientos están marcados por el resentimiento y el rencor.
- Estás tan enojado que has sentido que los odias.
- Los rechazas y aunque deseas amarlos, te es imposible hacerlo.
- Quieres controlar su forma de ser.
- Les exiges que cambien su actitud hacia ti.
- Esperas que se comporten como padres amorosos.

Actuar así habla de la necesidad del hijo que aún no ha aprendido a soltar a sus padres; es el reflejo de la exigencia a los padres para que sanen nuestro dolor. Ser capaces de detectar nuestras exigencias nos lleva hacia la independencia.

Nuestros padres nunca van a decirnos que ya hemos crecido; por el contrario, mientras actuemos como hijos pequeños y necesitados, ellos nos seguirán viendo como si fuéramos incapaces de cuidar de nosotros mismos. Esto evitará que nos vean como adultos, nos seguirán tratando como si fuéramos niños.

❖ Sin miedo a crecer

Crecer implica renunciar a los pensamientos que te llevan al dolor. Es dejar ir esas actitudes consolidadas en ti, esas que te hacen creer que así, resentido y demandante, estás bien. Por eso crecer da miedo; porque hay que hacer nuevas estructuras, cimentar creencias diferentes desde la raíz. Si pensabas que mantener una actitud de enojo o miedo algún día daría resultado, tú mismo querrás eliminar esa idea.

Para reflexionar

✓ Necesito identificar los hábitos que desarrollé para protegerme del dolor y que entorpecen mi vida.
✓ Se me dificulta reconocerlos porque los tengo protegidos creyendo que me ayudan a sentirme seguro.

Quizá nos aferramos a esos hábitos que nos impiden crecer porque creemos que solo a través de ellos lograremos la reconciliación y el amor.

Nunca me cansaré de exigirle que deje de tomar. Soy a la única que le hace caso, así que es mi responsabilidad convencerlo de que lo haga.
Patsy (31 años)

Hábitos que impiden crecer

Como ya vimos, cuando un hijo se mantiene atado a las expectativas, reproduce algunos hábitos que le restan fuerza como adulto. Quizá le parecen tan normales que los justifica, piensa que es lo único que tiene para luchar contra el desamor que manifiestan sus padres. Cree que cuando se queja, ayuda a sus padres: por eso les dice lo que deberían hacer y la forma en que deberían solucionar sus problemas.

Encuentra su salida en el insistir y protestar; incluso esta es su forma de mantener el vínculo con ellos. Su dolor es tan grande que aún no alcanza a ver que hay otra solución. Para sanar debes reconocer que insistes en que tus padres cambien y todas las maneras en que pretendes obligarlos a hacerlo.

❖ Rechazar

Crecer es reconocer cómo tu rechazo a aceptar la realidad respecto a tus padres te ata a ellos y al pasado. Tal vez piensas que aceptarlos es como consentir su conducta y, con esto, verte influido a imitarlos. Crees que rechazarlos te protege, te da miedo ser como ellos, imitarlos es lo peor que podría pasarte.

Cuando te descubres o alguien menciona un parecido entre tú y tus padres, te enojas. Has dedicado tu vida a superarlos, a ser distinto: qué terrible sería no lograrlo. Tu rechazo y desaprobación te mantienen alejado; los visitas ocasionalmente, no los buscas y te has desentendido de cualquier compromiso respecto a su cuidado.

Ves a tus padres como seres poco dignos de imitar; si alguno de tus hermanos se parece a ellos o reclama tu actitud, sientes también rechazo hacia él. Sin embargo, este rechazo, en vez de liberarte, te mantiene vinculado a ellos. Te impide ser feliz porque dentro de ti no has dejado de ser un hijo pequeño que muestra con su rechazo toda su necesidad.

- Reflexión: Con mi actitud de rechazo manifiesto que tengo el poder de controlar la vida de los demás; por lo tanto, acepto someterme cuando alguien más intenta controlar la mía.
- Acción: Ser libre entraña no necesitar que mis padres cambien. Mi libertad comienza cuando no intento cumplir expectativas ajenas, ni obligo a mis padres a satisfacer las mías.

❖ Reclamar

Crecer es comprender que si tus padres no saben amar, no admitirán su responsabilidad en lo que acontece en tu vida, no aceptarán sus fallos, ni querrán ver con objetividad lo que pudiste necesitar de su parte. Por eso, tus reclamos no modificarán el pasado ni van a generarles el deseo de cambiar. Por el contrario, quizá reaccionen defendiéndose ante tus palabras.

Además, te verán como un malagradecido, sin importar cuáles hayan sido las circunstancias. Si crees que tus padres deberían pedirte perdón y responsabilizarse del daño que te ocasionaron y se los dices, probablemente te respondan que ya hicieron cuanto pudieron por ti y que al ser ya un adulto te corresponde crecer y mejorar.

- Reflexión: Hoy comprendo que mis quejas y reclamos sobre lo que deberían hacer mis padres solo pondrán más distancia y dolor entre nosotros. En vez de exigir, quiero valorar y agradecer todo lo positivo que se manifiesta en mi vida.

- Acción: Tomo la verdad sin permitir que mis expectativas, mis necesidades y mis sentimientos heridos controlen mi visión de la realidad. Estaré atento a satisfacer mis necesidades y a sentirme agradecido por esto, en vez de exigir a mis padres que lo hagan.

❖ Reprochar

No lograrás mucho lanzando reproches a tus padres; si cuando eras un niño no eran capaces de sentir empatía por el dolor que te procuraban, mucho menos lo harán hoy que ya eres adulto. Por el contrario, tendrán reacciones diferentes a lo que esperas. Puede resultar que te vean como un inconforme, o que te tilden de mentiroso.

Quizá te dirán que no sucedió aquello de lo que te quejas, minimizarán el hecho, o te dirán que no lo recuerdan. Lo cierto es que no te darán amor, porque el arrepentimiento es algo que necesita salir de uno mismo para que sea sincero. Nadie puede obligar a otro a recapacitar o a sentir pesadumbre por el daño que hizo. Si te quejas con tus padres esperando arrepentimiento, puede suceder que al sentirse descubiertos se exculpen de tus problemas, ignorando tus súplicas.

- Reflexión: Es inútil esperar a que mis padres demuestren que me aman de la forma en que yo lo anhelo. No habrá ninguna iluminación final. Comprendo que lo que seguiré recibiendo de ellos es semejante a lo que me han dado hasta hoy, de mí depende aceptarlo o rechazarlo.
- Acción: Reviso cuando intento cambiar a mis padres y lo que quiero lograr. No necesito ser su juez ni su verdugo. Soy su hijo, ese es el lugar que me corresponde y que tomo y acepto con amor.

❖ Corregir

Uno de los hábitos más frecuentes antes de crecer, es corregir la forma de ser de tus padres; hábito que nunca se detendrá mientras permitas que te molesten sus actitudes, sus reacciones, su forma de pensar. Tú insistes en que si se decidieran a cambiar su actitud, la vida sería más sencilla, pero ellos no lo hacen. Les indicas cómo dejarían todos de sufrir si se lo propusieran. Asumes que tienes derecho a criticarlos y corregirlos con la esperanza de que te escuchen y reaccionen. Luego, cuando vuelven a caer en el mismo error, repites la misma perorata. Es el cuento de nunca acabar.

Obstinarte en corregir a tus padres habla de tus carencias, de que estás acostumbrado a sentirte necesitado. Lo que te desagrada en ellos, lo que rechazas y corriges será tu guía acerca de lo que debes sanar. Corregir a tus padres te define con claridad y es evidencia real del sufrimiento que hay dentro de ti.

- Reflexión: Mis creencias acerca de lo que *debería ser* me impiden madurar, por eso elijo liberarme desde hoy de ellas. A partir hoy intentaré ver a mis padres como en realidad son, sin permitir que mis exigencias me cieguen. Aceptaré que como seres humanos siempre han sido susceptibles de equivocarse.
- Acción: Detengo mis palabras de ataque, le apuesto a dialogar. No tengo la solución que mejora la vida de mis padres. Comprendo que esta creencia impide que me concentre en mi propio crecimiento. Por lo tanto, mis palabras de ahora en adelante son positivas y generan amor y comunicación.

❖ Resignarse

Sufres por no tener una buena relación con tus padres y para recuperarla te has resignado a soportar las actitudes que tus padres tienen contigo. Detrás de esa resignación está escondido el dolor porque el amor no fluye como te gustaría. Aun así, no puedes traspasar esa capa para permitir que tu amor se manifieste; lo mantienes escondido por miedo a que te vuelvan a herir.

En ocasiones piensas que todo funciona bien entre ustedes, pero es que te has resignado a no ser querido y aceptado. Hubo un tiempo en que deseabas mejorar la relación, incluso llegaste a explicarles cómo te sentías, pero no comprendieron de qué hablabas y las cosas siguieron igual. Tu deseo más profundo es que te amen por ser quien eres, sin tener que luchar por merecerlo. Te gustaría disfrutar de ese inagotable amor paterno que has oído mencionar pero dudas que exista. Sabes que, para ti, el maravilloso amor de padres no es real.

- Reflexión: Puedo responsabilizarme de mi necesidad de afecto. Cuando conozco mis carencias puedo procurarme lo que mis padres jamás me otorgarán. Aprender a ser mi propia fuente de amor es un proceso que fortalece mi amor propio y me sana.
- Acción: Siento alegría al satisfacer mis necesidades, saber que soy libre para elegir, sin obligar a otro a que cumpla con mis demandas, o

a forzarlo a amarme. Me interesa más conocerme y respetarme que obligar a otros a que lo hagan.

❖ Renuncia a ser pequeño y necesitado

Exigirles una determinada conducta para enterrar tu dolor te volverá frágil, te sentirás defraudado y recibirás más heridas. Aunque creas que tus exigencias son justas, te convierten en un pequeño necesitado. Mejor apuesta por crecer y madurar, porque depender emocionalmente de tus padres te impondrá límites, te amarrará a expectativas y te impedirá despojarte de esas ataduras que te evitan convertirte en adulto.

Para reflexionar

✓ Mantener una imagen deteriorada de mis padres me permite protegerme de que sigan destrozando mis expectativas.
✓ Si quiero mejorar la relación con mis padres, no pretenderé que cambien para que yo sea feliz, porque eso no va a suceder. Los padres que no saben amar prefieren defender sus ideas a empatizar con sus hijos.
✓ Al único que puedo exigirle mejorar su actitud es a mí mismo.

Reflexión de paz

🕊 Los hijos necesitamos comprender que nuestros padres jamás se van a amoldar a nuestros deseos y necesidades. ¿Qué tal si a partir de hoy ya no te empeñas en obligarlos a demostrar que te aman, en que si se lo propusieran podrían mejorar la relación entre ustedes? ¿Qué tal si dejas de insistir en explicarles cómo te afecta lo que hacen y dicen? Este cambio de actitud es necesario porque es inútil vivir esperando que admitan que tienes razón y te pidan perdón por haberte ofendido.

Trata de recordar que tú vales, aun cuando los demás no lo hagan. No necesitas que tus padres admitan que no te valoraron. La realidad es que los padres no siempre son capaces de sentir empatía por los sentimientos de los hijos, ni de comprender el dolor que han ocasionado con sus acciones. Ahora te corresponde dejar de exigir para concentrarte en valorarte tú mismo.

Para reflexionar

✓ Detrás de mi dolor se esconde el amor que siento por mis padres y no ha sido correspondido, también mi decepción porque ellos no saben amar.
✓ Recordar y repetir cada día el daño infligido sobre mí, es volverme a dañar.

Afirmaciones de amor

♥ Reconozco mi dolor y lo miro con respeto; no es sencillo, pero lo hago por lealtad hacia mí.
♥ Soy responsable de mi salud emocional y de las consecuencias de mis actos.
♥ Aprendo a darme amor. La única persona que estará siempre junto a mí soy yo.

Un adulto toma el control de sus pensamientos y acciones.

Nadie le dirá cómo debe pensar o actuar.

¿Por qué mi madre me odia tanto?
¿Por qué le dijo a mi esposo que soy una puta y que mis hijos no son de él?
Donna (37 años)

Ser adulto

Tus padres no te darán el certificado de hijo adulto. Eres tú, quien a través de la forma en que solucionas tus problemas y atiendes tus necesidades, demuestras que has crecido. Al hacerte responsable dejas de ser un hijo pequeño y necesitado, y puedes marcar la pauta de lo que será tu relación con tus padres.

Para llegar a este punto, observa cómo son tus actitudes hacia ellos, si están basadas en el respeto o, por el contrario, están colmadas de miedo, acusaciones, violencia, etc. Examínate bien para que detectes si aún les exiges sanar en ti el dolor que te dieron.

La diferencia entre el pequeño y el adulto es la capacidad de solucionar los problemas propios, el adulto quiere depender de sí mismo. Piensa antes de actuar en la forma en que se conduce, y manifesta su madurez al responder a las conductas infantiles de otras personas, incluso las de sus padres.

❖ Sé dueño de tus pensamientos

En la siguiente tabla están algunos de los pensamientos de necesidad más frecuentes y su contraparte: los que te llevarán a la libertad. Revísalos constantemente y tenlos en mente. Así, cuando se presenten, puedes cambiarlos e impedir que la necesidad te siga controlando.

No te desesperes si no los recuerdas de forma textual, lo importante es que comprendas su significado. Esto te ayudará en el momento en que sientas dolor para volver a la calma otra vez.

Pensamiento de necesidad	Pensamiento de libertad
Mis padres me causan dolor, por eso quisiera que se comportaran diferente conmigo.	Mantengo la calma cuando mis padres se comportan de forma poco amorosa conmigo. Su actitud es por sus heridas, no por algo que yo haya hecho.
Necesito obligarlos a reconocer la forma en que me lastiman. Es lo justo.	El dolor les impide reconocer sus propias heridas y eso los lleva a lastimar.
La relación mejorará cuando cambien, por eso insisto en que lo hagan.	Si no les insisto en cambiar y solo los comprendo y respeto, la relación mejorará.
Les hago un favor cuando les corrijo lo que deben cambiar.	Corregirlos no funciona porque soy su hijo. Si los respeto, estaremos mejor.
Si no me quejo continuamente, mis padres no recapacitarán.	Mis quejas solamente me hacen ver pequeño y necesitado. Resuelvo lo que me corresponde y depende de mí.
Mis quejas no funcionan, qué necios y tercos son (con menosprecio incluido).	Reconozco que mis padres solo harán lo que juzguen conveniente, así que dejo de insistir en que cambien por mí.
Tengo que hacerlos reaccionar, no importa si la pasamos peleando. No puedo deslindarme de ellos, tengo que hacer valer mi voz como hijo.	Al cuidarme evito mantener conversaciones que generen conflictos. Respeto sus opiniones y me niego a entrar en controversias.

Continúa...

Pensamiento de necesidad	Pensamiento de libertad
Si tan solo reconocieran que tengo razón, todo mejoraría.	No necesito que me den la razón. Comprendo y respeto su manera de pensar. También la mía.
Pese a mis esfuerzos, mis padres no reconocen sus errores ni que me han provocado dolor.	Evito las situaciones donde mis padres me pueden agredir. No me coloco más en esa situación vulnerable.
Aseguran que soy yo quien necesita aceptar sus errores.	Me detengo a evaluar cuando mis padres me dan una recomendación sana y cuando sus palabras son una agresión. Evito sentirme agredido.

Reflexión de paz

Para crecer tomo consciencia de cada pensamiento que manifiesto y lo respeto porque entiendo que su procedencia está en el miedo a no ser amado y en el dolor que he vivido a consecuencia de ello. Ahora entiendo y no me peleo con mis pensamientos de necesidad, ni me avergüenzo de ellos. Han formado parte de mi historia, desde mi miedo y mi enojo. Sé que cuando los reconozca, puedo dirigirlos a los pensamientos que me impulsan a renovarme y crecer.

Afirmaciones de amor

♥ Doy los pasos necesarios para convertirme en adulto.
♥ Yo puedo resolver mis problemas y mejorar las circunstancias en las que me encuentro.
♥ Hoy elijo que mi bienestar emocional dependa solo de mí.

Crecer da miedo, pero la alternativa de quedarse igual, es mortal.

Se enfurecía conmigo y me daba tremendas palizas,
luego me sacaba de la casa arrastrándome de los cabellos.
Me dejaba en la calle a veces a medianoche.
Por su culpa me violaron y me golpearon unos tipos que me vieron
en la banqueta, llorando. ¿Crees que eso se pueda perdonar?
Brittany (33 años)

Sé dueño de tus actos

Únicamente puedes iniciar el camino del crecimiento si buscas estar en paz. Como es un camino nuevo y diferente, y no tienes la certeza de llegar, te puede dar miedo renunciar a lo que crees que te ha fortalecido. Pero esa parte de ti, que te lleva al dolor, solo te vuelve débil, te hace sufrir innecesariamente y te mantiene en la infelicidad. Es momento de dejar ir esas ideas arcaicas que, más que ayudarte, han vuelto tus actos impulsivos, provocan que reacciones siempre de la misma manera y que sientas que nada de lo que haces parece funcionar.

Para reflexionar

- ✓ No me da miedo equivocarme, no me exijo perfección. Pongo empeño en lo que hago y lo disfruto, pero comprendo que en algún momento me puedo equivocar.
- ✓ Quiero estar preparado para enfrentar mis equivocaciones y brindar la mejor solución.

❖ Ser dueño de ti

Ser adulto requiere valor porque implica renunciar a la posición en la que te sientes más cómodo; es dejar ir esos esquemas que te daban seguridad. Permanecías en esos parámetros y te sentías seguro porque confiabas en que reclamar, exigir y enojarte daría resultados. Para ser adulto necesitas renunciar a esas conductas agotadoras e inútiles; debes tomar consciencia de que es imposible que sigas pidiendo a tus padres que solucionen tu dolor, pero tampoco permitas que te sigan haciendo daño. Hay que optar por la vida que deseas e ir hacia allá; poner límites positivamente, siendo tú quien dirige cómo desea ser tratado. A continuación describo algunas relaciones entre padres e hijos. Encontrarás que varias están saturadas de dolor y otras son plenas y felices. Revísalas y decide cuál quieres para ti.

Relaciones ambivalentes: Se manifiestan sentimientos positivos (como cariño, apoyo, solidaridad) y negativos (como abandono, rechazo, violencia), los cuales se puede manifestar de hijos hacia los padres o de padres hacia los hijos. Los sentimientos surgen de forma impredecible ante momentos de vulnerabilidad, crisis familiares, conflictos, nacimientos, enfermedades o muertes, etc. Debido a que cada quien reacciona según su propio dolor, no hay forma de predecirlos.

Relaciones insatisfactorias: Las quejas son frecuentes por expectativas que manejan tanto los padres como los hijos. Se vive en mutua recriminación acerca de lo que el otro debería aportar a la relación para que mejore. Los reproches son de ambos lados y frecuentes. No hay aprobación hacia los actos de ninguno, nunca están satisfechos con lo que el otro da. Las críticas son continuas y siempre cubiertas de arrogancia. Hay un sentimiento general de que uno está actuando correctamente y el otro, mal.

Relaciones dependientes: Se dan cuando alguno de los dos ni se marcha ni se queda. No hay respeto hacia la libertad o autonomía del otro. Si alguno decide alejarse (el hijo o el padre), el otro demanda atención a través de enfermedades, chantajes e incluso victimizándose. Aunque los conflictos son frecuentes, el hijo no es capaz de salir del hogar para hacer el suyo, ni el padre es capaz de permitírselo o impulsarlo a crecer.

Relaciones violentas: No existe un ambiente familiar sano. Las peleas, gritos e incluso golpes dominan la relación de forma continua. La violencia se expresa a través de todos los miembros de la familia. Hay golpes entre padres e hijos, no hay respeto, autoridad, mucho menos comprensión o apoyo. Los hijos se sienten desolados y desesperados. Los padres acusan a los hijos de merecer un trato indigno, por su actitud. Al sentirse todos ofendidos, aseguran que es el otro quien debe cambiar.

Ninguna relación, cuando acercarse es imposible: Algunos padres, al sobrepasar todos los límites, no dejan otro camino a sus hijos que apartarse para siempre, puesto que las consecuencias de sus acciones causan el rompimiento definitivo. Para el hijo es imposible, después del daño que se le ocasionó, sostener una relación sana y normal con sus padres.

La agresión ha llegado a tal punto que se pierde el vínculo filial. Esto puede ser, además de lo más sano, la única solución. Esta decisión depende de cada caso y solo el hijo puede tomarla. Solo a él le corresponde hacerlo ya que nadie (ni sus propios padres o hermanos) puede obligarlo a sostener una relación con sus padres que le causaría angustia y sufrimiento.

Relaciones positivas: Se comparte el deseo de ayuda mutua, se equilibra la relación entre padres e hijos. Se disfruta de la mutua compañía. El ambiente familiar es de apoyo y respeto. Se escucha y se le da su lugar a cada miembro de la familia. Los principios que mantienen son propositivos, siendo el deseo común preservarlos para las nuevas generaciones. Tanto padres como hijos se sienten estables, amados y seguros en el ambiente familiar y fuera de él.

Es tu decisión

Como hijo, solo tú sabes si lo que has vivido hace imposible que mantengas una relación sana con tus padres. Solo tú sabes si el sufrimiento que te causaron reviviría al forzar la relación. Si consideras que es imposible volver a acercarte a ellos, estás en tu derecho de hacerlo. Sin embargo, ese alejamiento no justifica que te tortures y dejes de crecer.

En ocasiones el enojo se disfraza de indiferencia, y el hijo puede afirmar que no siente interés por sus padres cuando en lo profundo solo son frases que se dice para esconder su enojo y decepción. De esta forma evita volver a ser herido, mientras mantiene la esperanza de recibir amor.

Trata de no engañarte a ti mismo para que haya paz en tu corazón, de lo contrario vivirás en permanente insatisfacción y enojo. Si te engañas puedes aferrarte al odio y al resentimiento, creyendo que estas emociones te protegen y no mereces eso. Por eso, aunque pongas distancia entre tú y tus padres, lograr la reconciliación contigo mismo es la forma ideal de ponerte en paz con tu pasado.

Para reflexionar

✓ Me pregunto si lo que estoy decidiendo me beneficia o solo son mis expectativas, mis sentimientos heridos los que me dictan cómo actuar.
✓ Siendo capaz de atender mis necesidades, puedo observar a mis padres. Ahora me dedico a conocer cómo son realmente.
✓ No permito que mi dolor controle la actitud que tengo con mis padres. Mi amor propio será mi guía.
✓ No me comparo con los demás, tampoco comparo a mis padres con el ideal que formé de ellos ante mi necesidad de ser amado.

❖ Una relación nueva, a partir del amor

Tiende siempre hacia lo positivo, confía en que puedes estar bien porque te harás cargo de ti. Si existe la manera de lograr una relación sana con tus padres, donde fluya el amor entre ustedes, puedes tenerla en mente. Todo depende de ti, no de tus padres. Esto es porque al crecer decides cómo deseas que sea la relación con ellos. Si quieres ser tratado con amor y respeto, eso es lo que debes estar dispuesto a brindar sin importar lo que tus padres puedan ofrecerte. Sabes que el respeto es la base con la cual te conduces hacia ellos.

La diferencia entre un niño y un adulto estriba en la capacidad de resolver sus propios problemas; un adulto no permite que sus padres se los resuelvan, mientras que un niño necesita a sus padres pendientes de él.

Quien no aprende a hacerse cargo de sí mismo, permanece en un estado de indecisión y agobio. Mientras un hijo exige a sus padres que resuelvan su necesidad de cariño y respeto, no podrá desarrollar una mentalidad sana, hacerse responsable de sí mismo, ni establecer vínculos afectivos o relaciones de confianza. El fracaso en un hijo significa permanecer atado a sus padres esperando que ellos crezcan, que ellos comprendan, que ellos se decidan a cambiar. Esto conduce a estar emocionalmente estancado, sin motivación ni metas por cumplir, y con temor a comprometerse consigo mismo y con los demás.

Reflexión de paz

Compartir es la clave del crecimiento personal. Cuando creces, ayudas a los demás compartiendo tu aprendizaje. Tus padres también pueden beneficiarse de ello. Quizá son los que más necesitan conocer alternativas al dolor. Cuando te conduces con lo que has aprendido, tus padres pueden sentirse bien. En cambio, cuando permaneces sometido al rencor, permitiendo que tus expectativas te controlen, dejas que el dolor los dirija y los mantenga unidos. Al crecer, eres independiente, libre y feliz, capaz de compartir estas emociones nuevas. Ya no tienes que preocuparte porque tus padres cambien, pues esa fuerza que emana de ti, permite aque sus vidas fluyan en sintonía y amor.

Afirmaciones de amor

- ♥ Cuidarme es mi responsabilidad, me gusta hacerme cargo de mí.
- ♥ Agradezco la oportunidad de satisfacer mis necesidades porque puedo brindarme cuanto necesito para ser feliz.
- ♥ Elijo crecer para librarme de esa dependencia interior que se alimenta de lo que hacen los otros.

Ser adulto es poder elegir con consciencia, sabiendo que la decisión que tomo hoy hará la diferencia mañana.

Estoy harta de ellos. Les doy todo lo que me piden y es mi culpa,
porque solo me buscan cuando me necesitan.
Sheena (42 años)

La fuerza de tu elección

Tu fuerza radica en la capacidad de elegir cuidarte. Solo puedes elegir esto cuando ya has crecido. Eliges tus pensamientos, tus actos, lo que quieres sentir. Te permites gozar, reír, amar e incluso llorar cuando deseas hacerlo. También te permites decidir cómo quieres actuar en cada momento de tu vida. Cuando te relacionas con tus padres sabes que puedes controlar tus pensamientos y actos; aun cuando ellos no logren ser respetuosos, tú eliges tu reacción. Eso te convierte en adulto y te da esa sensación de plenitud al elegir quién quieres ser. Toma tu elección.

❖ Mis elecciones

Puedo dejar de competir. Revisa si en ocasiones quieres sentirte superior a tus padres. Competir para sentir que eres mejor que ellos puede ser una actitud de arrogancia que a la larga te debilitará. Es una competencia injusta para todos pues ellos son mayores en experiencia y edad. Mejor intenta valorar lo que aportan a tu vida y respeta eso. Cuando respetas su individualidad, puedes reconocer que esta parte es lo que te ha formado, sin sentirte disminuido ni avergonzado por sus limitaciones.

Puedo dejar de intentar demostrar saber más. Aunque sientas que tus padres han cometido muchos errores y que tú sabes cómo podrían actuar mejor, mantén tus comentarios bajo control, respeta a tus padres y la vida que ellos te han dado. Si hay algún tema que domines muy bien, no discutas para hacerlos entender o cambiar de idea. Tus padres solo van a aceptar lo que ellos decidan, no lo que tú les impongas.

Puedo respetar su forma de pensar. Es importante reconocer que las ideas arraigadas que mantienen tus padres les han ayudado a enfrentar los problemas que han padecido a lo largo de su vida. Son su sistema de defensa, las necesitan para sobrevivir. Ahora te toca a ti tomar únicamente lo que necesitas y crear otras ideas que te ayudarán en tu propia vida.

Puedo evitar caer en la dependencia emocional. Aprende a no enfrascarte en discusiones inútiles, ni pretender agradarles. Toma tus decisiones con respeto hacia ti, basándote en lo que te conviene. Con esto tus padres aprenderán a confiar en ti pues, sin enfadarte con ellos, les mostrarás que cuanto has decidido ha sido acertado.

Puedo impedir que me hagan sentir culpable. Una manera de evitarlo es reconocer tus fortalezas, saber de lo que eres capaz. Así puedes tomar la responsabilidad de tus actos y al mismo tiempo comprender las acciones de tus padres. Con esto te haces consciente de lo que les preocupa y la forma en que puedes manejarlo. Actúa sin permitir que te hagan sentir mal por tus actitudes o decisiones.

Puedo negarme a obedecer ciegamente a mis padres. Recuerda que la obediencia ciega no es amor sino sumisión. Mantén el respeto hacia tu vida; esto quiere decir que aunque escuches sus sugerencias, no siempre tienes que optar por lo que ellos digan. Por esto, no te dejes presionar por ellos cuando tomes una decisión. Sé amable y enfático, eso les transmitirá que tu interés no es hacerlos sentir mal.

Puedo evitar que el rechazo de mis padres o sus negativas influyan en mis decisiones. No solicites su aprobación. Tampoco esperes que tus padres aprueben cuanto haces. No es necesario que se mantengan siempre al tanto de cuanto ocurre en tu vida. Así no tendrás que estar a la altura de las expectativas que se pudiesen generar cuando les menciones algún nuevo proyecto. Si es necesario, puedes incluso ahorrarte explicaciones para evitar conflictos.

Puedo evitar que las emociones de mis padres me controlen. Presta siempre atención a la forma como pretenden chantajearte o manipularte. Capta la situación y ponle alto, siempre manteniendo el respeto hacia ellos. No permitas que con sus miedos e inseguridades intenten controlarte. De esta manera aumentarás la confianza en ti mismo.

Puedo resolver mis problemas y necesidades. Ser independiente económicamente es la mejor manera para evitar problemas con los padres. Pedirles apoyo con frecuencia es una puerta abierta para que crean que todavía no te puedes cuidar solo. Hazte cargo de ti para mantener con ellos una relación de respeto y cariño. Esto significa que también puedes proveerles cuidados y atenciones si lo requieren, pero sin permitir que sus necesidades controlen tu vida.

Puedo negarme a imponer mi manera de pensar. Si se presenta alguna confrontación, no exijas a tus padres que cambien de opinión. Considera lo que ellos defienden y si es necesario rectifica, aprende y agradece. Si no estás de acuerdo, evita discutir, no los contradigas ni te empecines en que admitan su error.

Puedo dejar de intentar resolverles la vida. Si tus padres tienen problemas ocasionados por su manera de vivir, de pensar o por sus actitudes, no eres tú quien debe señalárselo, ni intervenir dando soluciones. No te aflijas por no poder ayudarlos como te gustaría, mucho menos si ellos te lo impiden. Tus padres son responsables de sus decisiones, de su forma de vivir y del aprendizaje de sus experiencias.

Puedo negarme a regañar y corregir a mis padres. Tampoco les digas lo que deberían hacer. Si es necesario, puedes sugerir lo que tú harías, pero no les impongas tu criterio. Si tus padres deciden no escuchar tus sugerencias, evita sentirte molesto o decepcionado, reconoce que no siempre van a estar de acuerdo con tu forma de pensar. Respétalos para que te respeten. Empieza por corregirte a ti mismo, poniendo límites a tus expectativas.

Puedo distinguir mi dolor y atenderlo. Solo tú eres capaz de consolarte cuando tus emociones de niño herido se manifiesten queriendo imponerse. Dejar de esperar que otro venga a consolarte, te fortalece. Atiende a tu dolor, míralo con amor, no le temas. Es solo un viejo dolor que te acompaña, un dolor de hijo que necesita amar y ser amado. Ayúdalo a sanar. No permitas que siga manejando la relación con tus padres, pues actuarías a través del dolor de sus expectativas y no de la conciencia que genera la reconciliación.

Puedo crecer. Como hijo adulto no necesitas exigir a tus padres ser diferentes para crecer. Tampoco necesitas contar con su apoyo. Eres consciente de que el sufrimiento de tus padres es consecuencia de sus propias decisiones y solo lo superarán cuando lo hayan comprendido. Al crecer puedes estar más allá de sus reclamaciones; dejas de necesitar un cambio en su actitud, y no les exiges ser perfectos: los ves susceptibles de equivocarse. Sientes por ellos un amor libre, emancipado, sin juicios que te encarcelen y sin expectativas que te aten y te impidan seguir creciendo.

Puedo hacerme responsable de mí mismo. Cuida de ti, no dejes que otros tengan la responsabilidad de tu vida. Toma tus decisiones y disfruta hacerlo, aunque te equivoques. Cuanto más sepas lo que quieres, más sencillo será evitar que tus padres tengan el poder de controlarte o exigirte determinada conducta. Cuida tu independencia como el bien más valioso. Haz tus propias reglas y síguelas. Cree en ti.

❖ Sigue tus reglas

Las siguientes son algunas ideas que puedes tomar como base de conducta mientras vayas sintiéndote más empático y amoroso contigo mismo; mientras el respeto se consolida entre tú y tus padres. Puedes leerlas y tomarlas como una guía, luego puedes crear tus propias ideas, conforme vaya madurando y tomando forma la relación que quieres tener con tus padres.

Ideas para guiar la relación con mis padres

- Decidir que el respeto sea la base en la relación con mis padres. No permitir que el miedo domine mis emociones, ni dirija mi manera de actuar.
- No necesitar que mis padres me aprueben. Aprender a relacionarme de una forma nueva, sin la obligación ni temor a su enojo y rechazo.
- Permitir que mis padres me vean feliz y sereno; sin conflictos. Permanecer tranquilo si tratan de propasarse conmigo y, de ser necesario, alejarme.
- Acercarme con gusto y alegría. Disfrutar su compañía, no visitarlos por obligación. No permitir ser yo la fuga de sus malos momentos.
- No estar esperando que cambien. Desligarme de ellos sin dejar de amarlos y de reconocerlos como mis padres.
- Disfrutar a mis padres. Sin imposiciones, acercarme o alejarme hasta donde la relación pueda fluir sin fricciones.
- Ir a dar respeto y amor, no a ser obediente ni a someterme a lo que esperan de mí.

Reflexión de paz

🕊 Los hijos debemos pasar de pequeños a adultos para dejar de sufrir. Aunque no nos agrade, llega un punto en la vida en que debemos volar con nuestras propias alas, dejando de exigir a nuestros padres que se hagan cargo de nosotros. Ser adulto es una experiencia que vives contigo. Donde te haces responsable de quien eres y de lo que quieres para ti. Tu felicidad es tu meta. Ya no necesitas controlar los sentimientos de los demás. A través del crecimiento tienes la oportunidad de gustar de ti y superar aquello que te aferraba al pasado, al dolor que sufriste. Ahora ya no dependes de otra persona, vivir bien depende de ti.

Para reflexionar

✓ Aun cuando todavía siento miedo no le permito controlarme, busco pensar con claridad y actuar por lo que me beneficia y no por lo que me asusta.

✓ Me preparo para ser yo quien decide la relación que mantendré desde hoy con mis padres, ya no la controlarán el miedo ni la falta de amor.

CAPÍTULO 7

EN EL FONDO DEL DOLOR

El hijo que anhela sanar sale adelante por amor a sí mismo y con sus propios medios. Comprende que, en la búsqueda de su crecimiento personal, está solo.

Nunca me ha querido, una vez me dijo que que no quería tenerme,
que se embarazó de mí para casarse con mi padre porque tenía dinero,
¿cuándo la veré arrepentirse del dolor que me ocasionó?
Fred (33 años)

Si aún no estás dispuesto a dejar ir el dolor, si crees que tus padres te deben algo; si piensas que la vida debería pagarte por el daño que has recibido, es probable que sigas exigiendo que haya un resarcimiento de tus heridas.

Por lo mismo, necesitas ser consciente de esos pensamientos y sentimientos que se esconden en el fondo de tu dolor; por estar tan dentro te es difícil reconocerlos y te impiden aceptar el pasado sin resentimientos.

Esos pensamientos te hacen creer que todavía puedes lograr que tus padres cambien, o por lo menos, que te compensen de alguna manera por el daño que te infligieron. Obsérvate y trata de detectar si esas heridas están dentro de ti para que las mires y las enfrentes, sin permitir que te controlen.

❖ Sed de justicia
Cuando exiges que tus padres paguen por el sufrimiento que te ocasionaron, alargas tu dolor. Exigir justicia solo sirve para mantener el enojo

dentro de ti. Deshazte de esa pretensión comprendiendo que ellos en algún momento enfrentarán las consecuencias de sus acciones, como tenga que ser. Crecer significa soltar las ataduras de las expectativas. Renunciar a las explicaciones y disculpas que creemos que se nos deben. Para hacerlo, cuando sientas esa sed de justicia recuerda que tú puedes vivir sin que la justicia se ponga de tu lado; es la vida quien reclama las consecuencias de nuestras acciones y esto no siempre es evidente. Siempre hay consecuencias, aunque no lo parezca.

Para sanar
Deja que se encargue la justicia de la vida: no necesitas estar esperando la acción del verdugo vengador que torture a tus padres mientras miras con satisfacción cómo ocurre esto. El solo hecho de imaginarlo hace daño.

❖ Falsas esperanzas
Empieza a renunciar a los reclamos y a evitar sentirte víctima por el dolor infligido; es cierto, fue injusto e inmerecido, pero crecer significa dejar todo atrás. Renuncia a culpar a otros para hacerte responsable y tomar el control de tus pensamientos y sentimientos. Aferrarte a que se haga justicia, además de mantenerte zozobrando entre el dolor y el desamor, alimenta la esperanza de que algún día las cosas sucederán como tú quieres. Esto te mantiene pequeño y necesitado. Como adulto puedes comprender que cada ser humano va a enfrentar y resolver lo que la vida le presenta, sin que haya una balanza de la justicia. La vida no es justa o injusta, es solo como es.

Para sanar
Al comprender que la justicia es relativa, dejas de pretender que la vida funcione bajo tus conceptos, pues sabes que lo que puede ser justo para ti, tal vez no funcione para alguien más. La mejor justicia es enfrentar el daño que se hace uno mismo cuando se niega a crecer. Ser justo contigo mismo es una forma de verdad.

❖ Señales de arrepentimiento
A veces el hijo está tan dolido que piensa que va a ser incapaz de sanar si sus padres no muestran arrepentimiento y le piden perdón. Pretender que el otro pida perdón por sus ofensas, cualesquiera que hayan sido, es mantenerse esclavo, pues sigue esperando que algo externo ocurra para sentirse bien. Mientras un hijo crea necesitar que sus padres le pidan perdón se mantie-

ne aferrado al dolor. Un hijo no necesita que sus padres le pidan perdón porque el daño que causan, aunque le afecta directamente, en realidad es contra sí mismos, contra su propia historia, y muestra todo lo que no han podido superar. Quien hiere a su hijo está lleno de dolor contra sí mismo; es un dolor que no ha podido sanar.

Para sanar

No necesitas su arrepentimiento para sentirte bien. Aunque creas que lo que demandas es justo, tus exigencias te causarán decepción, falta de amor propio e incapacidad para respetar a los demás. Tampoco te sentirás satisfecho si actúas por venganza, si hablas para herir o tratas de desquitar el daño que te han infligido.

❖ ¿Padres arrepentidos?

No dudo que haya padres interesados en el bienestar emocional de sus hijos. Cuando recapacitan sobre lo que sus hijos han sufrido por su causa, se sienten devastados, se proponen enmendar la situación y se esfuerzan por comprender y ayudar. Estos padres arrepentidos son escasos.

Cuando un padre no se ama a sí mismo es incapaz de conectar con sus propios sentimientos y, menos aún, con los de su hijo. Está más involucrado en salir de sus propios problemas que en ayudar a su hijo a que lo haga. Aunque se les explique cómo afecta su desamor, prefieren desentenderse a comprender que varias de las dificultades que enfrentan sus hijos empiezan con su nombre. No obstante, es imposible negar la influencia que tiene la conducta de cada padre como factor desencadenante de muchos de los conflictos emocionales que presentan los hijos.

Para sanar

Culpar eternamente a tus padres es una forma fácil de negarte a crecer. Es mantenerte obcecado, creyendo que si ellos fueran diferentes tus problemas se resolverían. No necesitas que tus padres vengan arrepentidos a pedir perdón, tú puedes encontrar el modo de estar en paz.

Para reflexionar

✓ Es inútil esperar que mis padres paguen por el dolor que me infligieron. Sé que si me ocasionaron dolor fue porque eso era lo único que podían dar.

✓ El dolor que se transmite es la forma en que cada quien se enfrenta a las consecuencias de su propio dolor, de la manera en que tenga que ser.

Creer que puedo cambiar a mis padres es dejar que mi ego me engañe.

Estoy furiosa porque permitieron que mi tío abusara de mí.
Les dije lo que me hacía y no me creyeron porque era una niña.
Pensé que me protegerían pero ellos me golpearon y acusaron de mentirosa.
Eso arruinó mi vida y lo deben saber.
Sarah (53 años)

Confrontar a los padres

Cuando un hijo reclama a sus padres su falta de amor o su maltrato y les exige cambiar su comportamiento, estos pueden sentirse dolidos ante sus palabras, pero solo unos pocos se pondrán de parte del hijo. La mayoría negará su responsabilidad y menos aún van a someterse a sus demandas. Algunos pocos pedirán perdón, pero luego de un tiempo seguirán actuando como siempre lo han hecho.

Finalmente, quizá haya alguno por ahí que sí comprenda lo que su hijo quiere transmitirle y se proponga actuar en beneficio de la relación; quizá lo logre en el futuro. La confrontación no tiene beneficios demostrables a corto plazo; por lo mismo, no te recomendaría algo de lo que no estoy convencida que funcione hoy mismo, ni siquiera semanas o meses después.

❖ Consecuencias de la confrontación

Si confrontas a tus padres, es probable que reaccionen extrañados, heridos; culpándote por traer a colación temas *aparentemente* olvidados. Tal vez ni siquiera sepan de qué estás hablando o te digan que le das demasiada importancia a ciertos eventos.

Quizá te respondan que las cosas no sucedieron como dices, que estás exagerando o se justifiquen diciendo: "¿Qué querías, hijo, si no podía hacer otra cosa?" Obviamente no van a reaccionar con arrepentimiento por haberte herido, porque, de ser así, ya lo habrían manifestado. Lo más probable es que presenten alguna de las siguientes reacciones:

- Niegan su responsabilidad, encuentran pretextos y se justifican.
- Te aseguran que eso no sucedió y te llaman mentiroso.
- Culpan al cónyuge, a ti o a otras personas.
- Desestiman la situación.
- Te juzgan, dicen que eres peor persona que ellos.
- Proyectan su fracaso como padres en ti.
- Te niegan atención y comprensión.
- Te rechazan e ignoran.
- Te presionan para que cambies o para que continúes igual.
- Te alejan de la familia y del hogar para conservar el secreto.
- Te agreden con quejas, gritos, chantajes e incluso físicamente.
- Te prometen hacer cambios pero dejan todo igual.
- Solo en muy raras ocasiones permiten el diálogo, te comprenden, muestran arrepentimiento y mejoran la relación contigo.

❖ Reacciones ante la confrontación

Sin importar cuál sea su propósito, es difícil que la confrontación funcione porque los padres que no aman a sus hijos suelen sentirla como una agresión y reaccionan a la defensiva.

Solo si tienes la certeza de que no se pondrán a la defensiva, y aunque no pretendas obligarlos a que te recompensen, tal vez si les hablas de tus heridas, encuentres un padre receptivo a escucharte.

Sin embargo, conforme el calor de tus palabras se enfríe, volverás a tener los mismos padres que siempre has tenido. Esto sucede porque si tus padres quisieran hacer algún cambio en su vida, hubieran iniciado sin que tú lo hubieras pedido. Ya estarían en ese proceso y tú ya lo habrías notado.

❖ Apuesta por sanar

Aunque creas que es justo lo que demandas, y que es necesario que tus padres se enteren del dolor que te ocasionaron, confrontarlos no te ayudará a dejar tus miedos atrás. Tal vez pienses que así lograrás que vean que has crecido y así dar la pauta de la relación que quieres mantener con ellos ahora.

Esos son buenos propósitos que no lograrás confrontando, pero que sin duda lograrás si continúas llevando a cabo lo que hemos ido revisando en estas páginas.

Para reflexionar

✓ Analizo las consecuencias de confrontar a mis padres, comprendo que los cambios mágicos no existen, así que dejo de forzar sus sentimientos hacia mí.
✓ Si tengo deseos de confrontar a mis padres recuerdo que las creencias acerca de lo que debería ser detienen mi crecimiento.
✓ Elijo comprender en vez de exigir.

❖ Detrás de la confrontación
Si lo analizas, verás que detrás de la confrontación está tu anhelo de que el amor fluya entre tus padres y tú; de poner a tu familia en paz con su historia. Ante tal necesidad, la confrontación puede parecer una buena idea.

Esto es, hablar para explicarles cómo te afectó lo sucedido y de paso dejar de tener miedo a su reacción, mientras les explicas cómo te afectó lo que hicieron; pedirles que modifiquen su actitud hacia ti, incluso decirles lo que esperas o no de ellos.

Sin embargo, vuelves a convertirte en pequeño cuando depositas tu salud emocional en la relación con tus padres.

Además, ¿qué podrías pedirles que hicieran para que sanes los errores que cometieron contigo? No puedes decirles:

> Padres, como me golpearon mucho cuando era pequeño ahora necesito que me den su amor y respeto. Que me traten como adulto y se comporten como adultos para que compensen la injusticia que cometieron conmigo.

Con este tipo de peticiones seguirías siendo un pequeño necesitado.

Para reflexionar

✓ Sé que es inútil intentar mitigar mi dolor obligando al otro a cambiar, por lo mismo no malgasto mi tiempo en ello. No encontraré alivio, ni merece la pena intentarlo, hacerlo solo prolongará mi sufrimiento.
✓ Comprendo que estoy harto de sufrir, de huir de mis miedos, de mendigar cariño. Este descontento me beneficia porque me lleva a examinar mi vida, a crecer y a tenerme amor.

Si consideras que es importante hablar con tus padres acerca del pasado y hacerles saber cuánto te afectó lo que ellos te hicieron, asegúrate primero de estar libre de expectativas y necesidades insatisfechas.

Qué bonito sería poder hablar algún día con ella, de mujer a mujer, mirándonos de frente. Hablar del hombre por quien nos abandonó y su necesidad de sentirse amada. Que supiera que nunca la voy a juzgar.
Tanya (52 años)

Conversar en paz

Ser adulto se trata de dejar de necesitar el consuelo y arrepentimiento ajeno. Hablar de tu dolor con tus padres puede hacerte bien, pero no te convenzas de que es lo único que debes hacer. Por el contrario, esto te puede llevar a estar constantemente hablando de tus heridas si no encuentras el resultado esperado, esto es, dejar de sufrir. No dudo que hablando con tus padres logres desahogarte, pero si buscas alguna reacción en particular o arrepentimiento, tal vez no lo consigas. Si cuando eras pequeño no tomaron consciencia del daño que te infligían, es muy probable que hoy tampoco se hagan responsables de tus sentimientos heridos, ni logren empatizar contigo.

❖ Hablar sí, pero solo cuando estés listo

Hablar con tus padres puede ser un alivio cuando puedes establecer una conversación sin reproches y sin esperar compensación; haciéndolo desde el adulto que mira hacia atrás sin juzgar y comprendiendo lo sucedido (se puede, créeme); sabiendo que tus padres cometieron graves equivocaciones y estando en paz con la razón de ello. Hablar con tus padres puede darte gran tranquilidad, porque el diálogo se establece desde un ser humano amoroso a otro que anhela sentir amor. Esto te dará tranquilidad, porque verás que has crecido y ellos ya no pueden herirte. Tus padres también pueden beneficiarse de esta conversación porque podrán mirar hacia atrás y perdonarse por el daño que se hicieron a ellos mismos al dañar lo mejor que tenían, su hijo, su familia. Habla con tus padres con calma y sin exigencias; sin permitir que haya juicios sino entendimiento, porque has aprendido a hacer lo mismo contigo. Ahí está tu fuerza, tu prerrogativa como adulto: poder hablar del dolor con comprensión, sin juicios y sin exigencias. Sin pedirle a tus padres que te traten de alguna manera en particular, sino dando tú la pauta de cómo quieres ser tratado con tu propio comportamiento.

❖ Vivir sin perdón

Cuando los padres toman consciencia de sus acciones, no siempre pueden perdonarse lo que hicieron. Hay quienes, al comprender que dañaron de forma irremediable a su familia, no logran ponerse en paz con ellos mismos. Viven enojados y con miedo, cargan un peso que los amarga para siempre impidiéndoles amar y ser amados; tristemente se van así, sin disfrutar de la vida.

Los padres son los seres que más amamos, junto con nuestros hijos. Saber que no disfrutaron su vida, duele. Nos gustaría que no hubieran sufrido o que al menos hubieran sido capaces de salir adelante, que el dolor no les hubiera llegado tan hondo. En los momentos de mayor dolor de su pasado, nos hubiera gustado estar ahí para abrazarlos y decirles lo mucho que los amamos; para darles fuerza, decirles que en el futuro los espera un hijo que los ama, más allá de cualquier circunstancia.

Afirmaciones de amor

♥ No busco la reconciliación exigiendo al otro cambiar porque sé que no me llevará a la paz.
♥ Me interesa más conocerme y respetarme que obligar a otros a que lo hagan.
♥ Soy un ser de amor, puedo comprender el dolor humano y sus causas sin juzgarlo.
♥ La vida no es como yo quiero, solo es como es.

Dar las gracias a los padres que creí merecer porque esta expectativa fue la que me trajo al presente.

Les doy las gracias y la dejo ir.

Permitió que sus amigos abusaran de mí a cambio de alcohol.
Sé que es un enfermo y no lo quiero cerca de mí.
¿Acaso estoy obligado a hacerlo?
Frank (36 años)

Reconciliación

El sufrimiento que son capaces de provocar los padres que no saben amar tiene recónditas raíces, que surgen desde su niñez y se intensifican ante la imposibilidad de comprender y amar a los propios padres; aceptándolos tal como son. Aceptar a los padres no quiere decir que recibes de buen grado lo que te hicieron. Tampoco que estuvo bien, y que harás como si nada hubiera pasado. Aceptarlos no los exime de la responsabilidad de sus actos ni de las consecuencias. Tampoco es como si hubieras dado tu consentimiento para que el daño ocurriese.

Lo que hacen los padres que maltratan a sus hijos les provoca un gran sufrimiento. No importa si tuvieron intención de hacerlo o no. El hecho de que ignoraran que con sus actos estaban maltratando a su hijo, no los exime ni los hace inocentes. La ignorancia nunca es pretexto.

Pero no estamos hablando de que ellos reciban su merecido, sino de que tú puedas sanar. De que te pongas en paz con el pasado para que vivas a plenitud tu presente. De que no permitas que el dolor que te ocasionaron te robe tu felicidad. Al dolor se le tiene que poner un alto. Por eso estamos hablando de las decisiones que has venido tomando a lo largo de este libro. De cómo detener ese dolor que no tiene fin.

Si tus padres no quieren hacerse responsables de su historia y la manera en que sus decisiones aumentan su dolor, ese es su problema, no el tuyo. Si tus padres nunca se atreven a buscar la paz, si no comprenden que hay un camino mejor que el dolor, por mucho que te duela y quieras que ellos vivan bien, no puedes ayudarlos. Nadie sana porque otro así lo desee.

Para reflexionar

✓ Para estar en paz con mi presente, necesito comprender que cuanto ha sucedido en mi vida me ha convertido en quien soy ahora.
✓ Aunque piense que tengo muchas razones para estar ofendido, es momento de aceptar mi pasado en paz, dejar fluir lo que ahí sucedió.

❖ El poder de reconciliarse

Cuando te reconcilias con tu vida, sueltas el dolor que hubo en tu historia. No obstante, esto no significa que lo que hicieron tus padres haya estado bien. Como no existe forma de cambiar el pasado, puedes reconocer también que el dolor se encuentra ahí, sin negarlo, ni ocultarlo.

Reconciliarte no significa permitir el maltrato, ni aceptar que lo que hicieron estuvo bien, que ya lo has olvidado. Reconciliarte es dejar ir el dolor, soltar el pasado, renunciar a tus deseos de venganza y permitir que la vida lo solucione. Reconciliar significa interceder por ti; es pensar que eres un adulto que merece tener una vida sana; es querer detener la herencia de dolor antes de que se apropie también de tu descendencia.

Cuando logras reconciliarte, estás en paz con el pasado y dejas de exigirle a la vida como si tuviera una deuda contigo. No te juzgas, decides lo que te conviene y cuando algo no resulta como lo esperabas, puedes perder sin dificultad, incluso agradeces la oportunidad de aprendizaje que has recibido.

❖ Depende de ti

A través de la reconciliación te pones en paz con los seres que te dieron la vida y con la vida misma. La reconciliación puede darse, aun cuando debido al daño que te hicieron, no exista ya la posibilidad de sostener una relación directa con tus padres. Si es imposible aceptar que ellos puedan estar en tu vida, lo más sano para ti será que no estén ahí. Esto es así porque cuando los padres maltrataron a sus hijos de formas irreconciliables, deben comprender que una de las consecuencias de sus actos es que sus hijos decidan vivir distanciados para siempre de ellos.

Esta es tu decisión, tú sabes hasta dónde permites que tus padres sostengan una relación contigo. Cualquier cosa que decidas, nadie tiene por qué rechazarla. Si alguien juzga tu decisión recuerda que no necesitas la aprobación ajena, pues tu bienestar y tu compromiso es contigo mismo. Sin embargo, a pesar de que la relación con tus padres sea imposible, puedes reconciliarte con tu vida, aceptando amarte y cuidar de ti.

❖ La reconciliación es con la vida

Reconciliarte es estar en armonía con la vida y esta reconciliación es para ti, no para ellos. Es tu forma de ponerte en paz con tu historia para poder continuar creciendo. Saber que en un momento el sufrimiento te cambió, y aunque te pudo costar recuperarte, ahora te sirve para fortalecerte.

La reconciliación sirve para que mires hacia atrás con fuerza y determinación, pero también con calma, sabiendo que ahora puedes cuidar de ti; que eres sobreviviente del dolor, y por eso, te cuidas y te amas. Por lo mismo, no te acercas ni te expones a tus padres, ni a ninguna persona que sea incapaz de actuar con respeto.

Basta de personas que maltratan, que agreden con su comportamiento; como ya lo sabes, ya puedes poner límites. No dudes en tener muy claro a quién quieres cerca de ti. Es tu responsabilidad alejar de tu vida a quien aún quiera hacerte daño.

Reflexión de paz

🕊 La reconciliación es un acto de amor hacia ti, un trabajo interior que te libera. Para llegar a él no necesitas que tus padres estén de acuerdo o que te den su aprobación. La reconciliación es para tu vida, es decidir dejar de quejarte del pasado para aprender a sonreír y a estar agradecido con tu vida. Es aprender a disfrutar ser quien eres, permitirte tener nuevos retos, como el hecho de que tu tranquilidad depende únicamente de ti mismo.

Afirmaciones de amor
Hoy quiero:

♥ Desprenderme de las conductas que implementé para sentirme mal.
♥ Detectar los reproches silenciosos, las quejas y el enojo para dejarles ir.
♥ Soltar las resistencias que me mantienen atado a falsas esperanzas.
♥ Reconocer que el único y potencial origen de amor surgirá de mí.

PARTE 4

SERENIDAD

CAPÍTULO 8

COMPRENSIÓN

Un hijo no hace que sus padres se nieguen a amarlo.

¡Pero si ellos son los culpables de todo el dolor que he vivido!
¿Cómo que me corresponde a mí comprender y sanar?
Entonces, ¿no debo hacer que se arrepientan por quemarme con gasolina?
Vice (57 años)

Hasta el día de hoy muchos de tus pensamientos y acciones impedían la comprensión. Como los mantenías arraigados, el dolor que provenía de tu historia permanecía intacto. Ahora sabes que para mejorar tu vida no necesitas cambiar lo que está fuera de ti, sino aprender a amarte, comprendiendo y aceptando sin enojo tu pasado, viviendo consciente en el presente y permitiendo que el futuro se acerque sin temor a encontrar ahí más dolor.

❖ Comprender sin juzgar
Sanar y dejar ir el dolor es una decisión que tomas cada día. Empieza cuando comprendes las circunstancias en las que ocurrieron los eventos que marcaron tu vida y decides estar en paz con ellos. Sin juzgarlos, sin enojos, sin exigir justicia. Sin creernos víctimas tampoco. Solo comprendiendo por qué el pasado ocurrió como lo hizo. Con ese amor de hijo que quiere

sanar y vivir en paz, consigo mismo y con el prójimo, inclusive sus padres, dondequiera que se encuentre su lugar.

Por lo tanto, crecer nos exige comprender que las heridas que muestran nuestros padres, su furia contenida, su miedo al abandono, sus inseguridades y ese temor a enfrentar la vida se generaron por falta de amor, por los ataques que recibieron a su autoestima y las consecuencias de ello. Nuestros padres sufrieron —la mayor parte de las veces— a causa de sus propios padres, y el desamor fue la forma en que aprendieron a reaccionar ante el dolor que les infligieron. Al convertirse en padres, lo único que pudieron hacer fue reaccionar con miedo a las situaciones semejantes a las que vivieron.

Ellos tuvieron que desarrollar algunas reacciones que los protegían del dolor, al igual que tú, como ya viste en los capítulos anteriores. Al sentir que surgía el miedo a sufrir, lo único que hicieron fue repetir lo que ellos vivieron. Reaccionaron con miedo y sin medir las consecuencias de sus actos. Reaccionaron sin amor, no porque quisieran hacerlo, sino porque no lo han conocido; porque la vida no les alcanzó para ponerse en paz con su propia historia.

Solo son esos seres humanos, infelices, heridos y, por lo mismo, arrogantes, tratando de ocultar su miedo; pero ellos te dieron la vida y es muy probable que nunca dejen de experimentar ese dolor. ¡Qué triste que sea así, precisamente nuestros amados padres, se irán de la vida sin haber aprendido a amar y sin sentirse amados alguna vez! ¿Qué harías tú para evitarlo? ¿Para que ellos sientan, aunque sea un momento, el poder del amor? Lo único que puedes hacer es disfrutar tu vida y agradecerla después de ponerte en paz con tu historia, como quiera que haya sido.

❖ Comprensión para sanar

Practicar la comprensión permite descubrir a tus padres como hijos maltratados también, sin el anhelo de que sean perfectos. Esto produce alivio. Comprender a tu madre, quien pudo haber sido una víctima de la violencia y el machismo, y a tu padre, un hijo al que obligaron a trabajar casi como esclavo. Nuestros padres tuvieron también una historia colmada de dolor, de haber sido de otra manera nos podrían haber amado. Creces cuando te dispones a aceptar esta realidad, sin ella es imposible llegar al amor. No se trata de justificar, sino de abarcar de la forma más completa posible las causas de su proceder y tratar de visualizarlo comprendiendo, en vez de juzgarlo; sin justificaciones o reproches y sin buscar culpables.

Para reflexionar

✓ Los padres dan a sus hijos la vida; con esto se brindan totalmente. Esto es suficiente para el hijo que quiere sanar.
✓ Cuando el hijo comprende, acepta y recibe en su corazón la vida que le brindaron sus padres, entonces aprende a amar.

Por lo regular el padre solo da a sus hijos el mismo trato que recibió.

Al hijo que quiere sanar le corresponde comprender las raíces del dolor en su vida.

Practicar la comprensión

Te contaré la historia de un padre y un hijo víctimas de las circunstancias para que, con tu comprensión, veas cómo el dolor se va transmitiendo a través de cada generación, así como las consecuencias que tiene. Comprenderás también cómo el amor de un hijo puede sanar cuando entiende su historia, se hace cargo de su propio dolor y se niega a seguir transmitiendo el dolor a sus descendientes.

❖ La historia de Alan y David

Alan

Alan siempre estaba enojado. Se enojaba con sus clientes, con su familia, con sus amistades y con él mismo varias veces al día. Decía que así era David, su padre. De él había heredado ese enojo permanente y aunque se negaba a parecerse a él, lo imitaba. Alan describió a David como un hombre malvado, frío, violento y cruel, con malos sentimientos y al que culpaba del sufrimiento de su familia. Su padre había abusado sexualmente de sus hermanas, ocasionando el suicidio de una de ellas. Para sanar su enojo, Alan indagó las raíces del desamor de su padre hacia ellos.

David

La madre de David descubrió que su esposo le era infiel cuando tenía seis meses de embarazo. Ese día corrió a su esposo de la casa y rechazó al hijo que llevaba en las entrañas. Cuando su hijo nació, lo entregó al padre, quien ya vivía con su amante y entre ambos lo criaron. Lo llamaron David, el nombre del padre de la amante, quien, al no tener otra opción más que aceptar al niño, le pegaba y le hacía pasar hambre. El padre nunca le pidió que lo tratara diferente, sabía que no era hijo de ella y no quería problemas.

Después de cuatro años, la amante falleció en un accidente. Entonces el padre convenció a la madre de David de volver a vivir juntos. Ella lo recibió, pero no perdonó la infidelidad. Tampoco fue capaz de amar a su hijo, que llevaba el nombre del padre de la otra mujer. David creció en total abandono; cuando tenía cinco años, un tío, aprovechando su indefensión, abusó sexualmente de él, acto que repitió durante varios años, sin que nadie lo protegiera.

A los dieciséis años, David era un resentido y furioso adolescente que tenía graves problemas con el alcohol. Estando ebrio se robó a una muchacha que conoció en un baile, por lo que los obligaron a casarse. La pareja tuvo varios hijos, dos hombres y cuatro mujeres. Vivían entre gritos, golpes y consumo de alcohol. Cuando estaba alcoholizado, David abusaba sexualmente de sus hijas. Y aunque su esposa lo supo, nunca lo evitó; por el contrario, cuando su hijo Alan lo delató, ella le exigió que callara; debido a que él se negó, ella lo corrió de la casa.

❖ El camino hacia la comprensión

El enojo de Alan disminuyó cuando comprendió que su padre fue un ser humano tan maltratado que llegó a deformar su percepción del mundo.

Al analizar su historia, vio a ese inocente recién nacido que fue entregado por su madre, sin remordimiento alguno, a una extraña. Comprendió a ese niño, su padre, creciendo abandonado por unos padres que le negaron su cariño. Un niño que, al estar desprotegido, sufrió vejaciones que lo perturbaron aún más, destruyendo su esperanza de vida. Alan comprendió por qué su padre había ahogado su dolor con alcohol y, con esa brutalidad que lo llevó a la inconsciencia, repitió el terrible daño que le ocasionaron.

Con tristeza también comprendió que su padre jamás encontró una alternativa. Se fue de la vida sin saber que había una forma de vivir diferente, plena de esperanza, donde el dolor no tiene cabida. Para Alan fue impactante descubrir que su padre hubiera sufrido de esa manera. Entonces, con esa fortaleza que brinda la comprensión, decidió que su padre ya no tenía deuda alguna con él. Y si antes creía que le sería imposible estar en paz, ahora estaba decidido a intentarlo.

Para reflexionar

✓ Decidir dejar ir el dolor no significa que lo que me hicieron fue correcto, sino que puedo seguir adelante a pesar de ello.
✓ No puedo cambiar el pasado, solo puedo dejar de vivir ahí.
✓ Mis padres no tienen deuda conmigo, con mi vida es suficiente para que yo me haga cargo de mí.

❖ Comprender el pasado

Como ya hemos dicho, cuando un ser humano recibe odio en vez de amor desde su más tierna infancia, y con ello maltratos, violencia, abuso sexual e incluso mutilaciones, su inconsciente queda perturbado e incapacitado para asimilar la información recibida.

Al crecer, adoptará las características negativas de los adultos con los que convivió y difícilmente logrará desarrollar el criterio para analizarlas y desecharlas. Por el contrario, las reproduce con insistencia. Le cuesta comprender que abusar de un hijo no es algo normal, porque esa es la única realidad que conoce.

❖ Comprender a tus padres

Quizá tu padre te lastimó porque le era más más sencillo depositar en ti el dolor que le consumía (aquel que le infligieron en su infancia y repetir contigo las conductas destructivas), que encontrar una alternativa para sanar su dolor. ¿Cómo podría hacerlo? Su forma de pensar, de amar la vida y al prójimo quedaron lastimadas. Su única posibilidad hubiera sido que tomara consciencia de ello y se decidiera a sanar.

Para reflexionar

✓ Disfruto su compañía porque puedo evitar que mis miedos y expectativas dirijan mi comportamiento.
✓ No espero que cambien o comprendan para dar respeto y amor.

La vida tiene momentos de alegría y otros de dolor, ese es el precio de vivir. La fortaleza llega al aceptar su designio con humildad y agradecimiento.

Mi padre decía que no confiaba en mí, que nunca haría algo útil con mi vida.
Que destrozaría todo lo que había construido.
Hoy puedo demostrarle que se equivocó.
Steve (69 años)

La decisión de sanar

No estás obligado a sanar. Sanar implica abandonar el nido, no por los demás, sino por ti; porque quieres crecer y que tu dolor se detenga; porque ya fue suficiente vivir en el sufrimiento. No es necesario que tus padres te enseñen a amar y respetar, siempre puedes aprender a hacerlo. Aceptar sanar es tomar el reto de tu vida con alegría y salir en busca de tus experiencias. Querer tener opiniones, equivocarte y aprender.

Si decides sanar y dejar atrás el dolor, con todo lo que implica, podrás decir sí a la vida. Tomarás cada instante de tu sufrimiento como una experiencia que te formó y ayudó a crecer. Sabrás que si hoy eres más fuerte y valiente es porque decidiste aprender a vivir bien. Ofrece tu sufrimiento a la vida, para que haya valido la pena, para que no te estanques, para que puedas respetarte y amarte a ti mismo, con esa capacidad de empatía que desarrollaste gracias a cada momento de dolor.

❖ Razones para sanar

Sanar, ponerte en paz con tus padres y reconciliarte con la vida, generará un cambio en ti. Dejarás de sufrir y de rogar que te den amor, porque te lo podrás dar tú. Sanar es un proceso que toma tiempo. Lo importante es que tú:

- Quieras dejar el dolor atrás.
- Estés decidido a mejorar tu vida.
- Necesites estar en paz con tu pasado.
- Sobre todo, consideres amarte y cuidarte.

Afirmaciones de amor

♥ Sanar es la meta más importante de mi vida, dedico todo mi tiempo y mi fuerza a estar bien.

♥ Presto atención a mis sentimientos y necesidades, es un alivio ser adulto y tener la capacidad de resolver mis problemas.

♥ Cuando me rehúso a seguir sufriendo creo que estoy buscando mi paz interior, pero en realidad es mi paz interior la que está intentando surgir.

CAPÍTULO 9

COMPASIÓN

Sentir compasión no es sentir lástima. La compasión es bondad y empatía, es fuente de amor.

Carol

Mi madre ha perdido su dignidad, se emborracha y se acuesta con cualquier hombre que le ofrece alcohol. Por más que le exijo, le grito y me peleo con ella, no deja de beber. Me da tanto asco verla así.

Carol (35 años)

—Carol, en la calle está tirado un borracho. La suciedad tiene años que lo cubre, se ha vomitado encima y hasta los perros lo han orinado. Ha perdido la consciencia absoluta de su persona. Grita obscenidades a quienes pasan, exigiéndoles dinero para beber. La gente lo mira con desprecio o indiferencia, muchos lo insultan y lo corren de ahí. Un hombre llega junto a él, es su hijo. Atónito mira el despojo humano en que se ha convertido su padre. Dime, ¿tiene derecho este hijo a juzgarlo, despreciarlo y humillarlo por las condiciones en las que está?

En voz apenas audible ella contestó: "No".

—¿Por qué, Carol?

Llorando, ella contestó: "Porque es su hijo".

Cuando aprendemos a sentir compasión fluimos con los acontecimientos de la vida sin exigencias, únicamente observando, agradeciendo y amando.

La compasión se compone de empatía, comprensión, aceptación. De esa capacidad de conectar con las raíces de nuestro sufrimiento, sin juzgarlas, solo comprendiendo que la vida ocurrió como tenía que ser para que te convirtieras en quien eres ahora.

Cuando la comprensión fluye dentro de ti, encuentras respuestas profundas a esas preguntas de dolor que marcaron tu vida. La compasión te ayuda a soltar, a poner en su lugar el ritmo de tu vida, a entender que llegaste a la vida en el momento justo. La compasión es un camino hacia la libertad, a entender el sufrimiento ajeno sin cargarlo, a procesar las más difíciles circunstancias de la vida desde una perspectiva plena, atenta y madura.

❖ Conectar con la compasión

La compasión es ese sentimiento que te embarga cuando quieres liberar a tus padres del dolor; de ese sufrimiento que les ha impedido disfrutar su vida, que los volvió seres llenos de miedo. Ahora ves que su arrogancia ha servido para esconder sus miedos más profundos, y que todo el maltrato contra ti era solo la manera de reproducir lo que les marcó la vida.

Sentir compasión sana, vivir con compasión, alimenta tu vida. Para llegar a ella debes identificar cuándo te motivan deseos egoístas o cuándo conectas con el sufrimiento ajeno y quieres que haya un alivio. Si anhelas que tus padres dejen de sufrir para que puedas disfrutar su amor y compañía, estás pensando en tu beneficio.

En cambio, si puedes comprender que esa es su historia de vida y la respetas sin enojo, sabiendo las consecuencias del dolor en ella, y además puedes soltar tus necesidades, para aceptar y respetar, entonces permitirás que fluya la compasión.

❖ El poder de la compasión

Para reconciliarnos con nuestros padres debemos permitir que el poder de la compasión llegue a nosotros. Nada hay más sanador que ver a nuestros padres como son realmente, lejos de las ideas que exigíamos de ellos. Reconocer su historia, el origen de su dolor y verlos sufrir mientras crecían, es impactante para todo hijo. El amor tan grande que tiene un hijo por sus padres invade su corazón, desea frenar el dolor del padre más que el suyo.

Cuando un hijo comprende por qué sus padres no lo aman, modifica su perspectiva; así, deja de exigir, quiere dar amor, comprensión, alegría. La compasión es tan poderosa que sana el corazón de un hijo de forma inmediata cuando este se permite sentirla realmente.

Un hijo que ve a sus padres, ya no a través de sus exigencias de hijo, sino como un ser humano capaz de comprender, en vez de exigirles amor, aporta consuelo, cariño y respeto. La compasión es ese sentimiento fuerte y sanador que alivia desde la raíz.

Afirmaciones de amor

- ♥ Por amor elijo comprender la historia de mis padres.
- ♥ La comprensión me permite incluir a mis padres en mi corazón.
- ♥ Respeto mi historia y mi origen, también la historia de mis padres y su origen.

Respeto y agradezco lo que deciden compartir conmigo.

No haré preguntas ante lo que no tiene explicación.

La compasión permite sanar

Te contaré la historia de Sophie, una hija que anhelaba sentir el amor entre ella y Patricia, su madre. Esta historia te va a permitir reflexionar acerca del maravilloso poder de sanar que tiene la compasión.

Cuando la leas te pido que imagines los eventos. Luego haz también el ejercicio permitiendo que tus sentimientos fluyan. Trata de reflexionar sobre los sucesos que, a pesar de ser desconocidos para ti, han tenido relevancia en tu vida.

La historia de Sophie y Patricia
Sophie

Sophie dijo que en una pelea reciente su madre le había gritado que "ojalá no hubiera nacido, que se arrepentía de haberla tenido, que hubiera sido mejor haberla abortado". Le dolieron sus palabras, y decidió retirarle la palabra hasta que su madre se disculpara, pero nada se arregló. Sophie estaba ofendida con su madre. Le exigía que recapacitara, que asumiera el dolor que le causaba y le pidiera perdón. Con su silencio creía que la obligaba a cambiar.

Después de revisar la relación con su madre, Sophie quería hacerse cargo de ella misma, sanar su dolor.

Al buscar información de la infancia de su madre para comprender su historia, esto fue lo que encontró.

Patricia

Patricia (la madre de Sophie) nació de una mujer violenta y analfabeta que tenía varios hijos de diferentes padres, y muchos problemas. Patricia era una niña inquieta y traviesa, que su madre encadenaba al piso, a veces sin agua y sin comida, para evitar que saliera a la calle.

De este modo su madre podía irse a trabajar. Sola en casa, era golpeada y abusada sexualmente por sus medio hermanos. Una trabajadora social descubrió la situación y obligó a la madre a meter a Patricia en un internado donde también recibió maltrato por parte de sus compañeros. Ya adolescente, Patricia pudo abandonar el internado y regresar a casa de su madre, donde volvió a ser víctima de violencia y abuso sexual.

Un día conoció al padre de Sophie y se fue a vivir con él. Al principio, la pareja congeniaba, pero cuando Patricia se enojaba era incapaz de controlarse, sus palabras crueles y despectivas horrorizaban a su esposo.

Cansado, un día él la abandonó. Sophie y su hermano crecieron sin su padre y siendo víctimas de la brutal violencia verbal de la madre.

Viaje de descubrimiento

A pesar de lo triste de la historia de su madre, Sophie era incapaz de sentir compasión, veía su dolor tan ajeno y lejano que no entendía la razón de su violencia verbal. Entonces Sophie cerró los ojos y se dejó conducir por la siguiente historia:

Con tu imaginación vamos a viajar al pasado, tu madre es una niña pequeña, y está sola en esa habitación de la casa. Observa cómo vive, encadenada y hambrienta; está furiosa con sus hermanos porque no puede evitar ser golpeada y abusada sexualmente por ellos. Está llorando, pero nadie tiene piedad de ella. De hecho, a sus verdugos les parece divertido abusar tan fácilmente de ella. Es como una fiera, se defiende, pero ellos son más fuertes y la pueden someter. La niña grita y ellos se burlan, saben que nadie acudirá en su defensa.

Acércate a esa niña hambrienta y desesperada, mira cómo la mancillan y golpean, luego la castigan con su necesidad de agua y comida. Seca sus lágrimas, siente su dolor. Observa la forma en que depositan en su pequeño cuerpo odio y maldad. Acércate hasta que escuches lo que dice para defenderse. ¿Puedes oírla? ¿Qué está diciendo? ¿Escuchas sus palabras? Esos improperios son gritos de rabia, blasfemias y amenazas. De sus labios no salen palabras de amor porque nadie la ama. Todos la usan y la pisotean.

Mira cómo vive, amarrada al piso, golpeada, hambrienta y siendo violada una y otra vez, mientras su madre se olvida de ella. Sus ropas sucias, manchadas de semen, sangre y lágrimas. Ahí está esa niña ahora, es tu madre. ¿La puedes mirar?, ¿qué sientes al ver a tu madre así? Dime, ¿esa niña pequeña merece tanto sufrimiento? ¿Tu madre merece vivir así?

❖ Encuentro con la verdad

Patricia no podía defenderse, lo único que hacía era maldecir y ofender. Sus palabras eran sus armas, porque con su dolor y su llanto no lograba detener el maltrato. Deseaba no haber nacido, odiaba a esa familia cruel, donde nadie la protegía, a la que no le importaba. Obviamente, el maltrato emergió con su nueva familia. Cuando tenían problemas, ella no sabía dialogar. Como tenía miedo a sufrir, al sentirse agredida respondía con insultos y ofensas. De este modo educó a sus hijos, causándoles a su vez enojo y resentimiento. El día que discutió con Sophie solo pudo repetir lo que siempre había pensado de ella misma: "¡Ojalá no hubieras nacido!" Ahora era responsabilidad de Sophie comprender que su madre es un ser humano demasiado maltratado. Una mujer que nadie había amado y, por esa razón, no se amaba a ella misma; una mujer que sentía deseos de morir.

Cuando Sophie pudo ver a su madre desde esta perspectiva, su corazón de hija se llenó de compasión. Además, asumió ser una mujer adulta y responsable que puede cuidar de sí misma. Ya no necesita pedirle a su madre cambiar, pues ha dejado ir a la hija exigente. Su primer paso ha sido crecer, volverse adulta y hacer los cambios necesarios para fortalecerse. Hoy comprende que su madre hizo lo que pudo y si no hizo más, no fue porque no la amara, sino porque no podía hacerlo.

Para reflexionar

✓ ¿Puedo viajar en el tiempo y mirar de cerca el dolor que vivieron mis padres?

✓ ¿Puedo dejar que la compasión fluya en mí y sea el sentimiento que me invada y dirija desde hoy?

✓ ¿Puede mi amor de hijo comprender y permitir la reconciliación?

Comprendo que mis padres no pueden actuar de manera diferente, pues sus actos están motivados por el miedo y no por el amor.

La única manera de sanar es hacerme cargo de mí, creciendo.

Fluir hacia la compasión
Ejercicio para sanar
Como en todos los ejercicios a lo largo del libro, te pido que dediques unos momentos a leerlo antes de continuar. Este ejercicio requiere que te enfoques en lo que se te pide, así que toma el tiempo que sea necesario y no te permitas continuar si no estás concentrado y atento. Elige un lugar donde no serás interrumpido y el momento ideal para hacerlo.

Durante el ejercicio trabajarás a uno de tus padres primero, cualquiera que elijas, incluso a ambos, pero siempre primero uno, el otro después, nunca ambos al mismo tiempo. Para ello, trata de enterarte lo más que puedas acerca de su pasado, de su infancia y de los eventos que marcaron su vida, ya sea de tu padre o tu madre. No preguntes a tus abuelos, seguro te darán su propia visión de las cosas y le restarán importancia a situaciones que sí la tienen, incluso callarán muchas otras o te darán una verdad tergiversada. Mejor busca en otro lado, indaga lo más que puedas y cuando lo tengas regresa justo aquí.

Empezar
Colócate en un lugar cómodo, donde no puedas ser interrumpido. Empieza por hacer un repaso mental de lo que fue la vida de uno de tus padres, el que elijas. Imagina con calma lo que habrá significado ser él, vivir como él, pasar por el sufrimiento que él pasaba. Con tus ojos de hijo amoroso, lentamente observa la vida de tu padre o madre desde el corazón. Capta esos momentos de su vida que lo convirtieron en la persona que es hoy. Reflexiona con atención acerca de ello. Míralo pequeño, desconociendo lo que iba a ser su vida, su futuro. El dolor que iba a causar.

Hagamos un viaje
Imagina que estás frente a ese niño que fue tu padre o tu madre, quien hayas elegido. Con calma, ve hacia esa etapa precisa de su vida que le generó ser quien es ahora; a ese momento de dolor que impide que fluya el amor entre ustedes. Observa cómo aquellos que se supone deberían amarlo, son quienes le ocasionan mayor sufrimiento. Mira a tu padre cómo se siente

traicionado, indefenso y confundido. En su desamparo no puede impedir que lo sigan lastimando. No le encuentra sentido a lo que vive. El dolor dirige su vida y lo único que puede hacer para evitarlo es intentar ser amado, igual que tú lo has hecho hasta hoy. Rogar con impotencia que sus padres, ya sea con gritos o silencios, por piedad, dejen de herirlo. Tu padre es ahora ese niño que hace cuanto puede para ser amado, pero nadie lo escucha, su sufrimiento no genera compasión.

Estás ahí, cerca de él, viendo cómo fue realmente su pasado. Míralo, acércate lo más que puedas a él. Observa el dolor en sus ojos, la decepción, incluso la frustración y el miedo que habitan su alma infantil. Acércate lo más que puedas, como si lo pudieras tocar. Mira esos momentos que marcaron para siempre su vida y lo hacen ser quien es hoy.

Está sufriendo y no puede evitarlo. ¿Sientes ganas de abrazarlo? Ahora, si pudieras decirle algo, ¿qué sería? ¿Qué le prometerías? ¿Cómo lo consolarías? ¿Cómo lo ayudarías si pudieras hacerlo?

> Un hijo no necesita perdonar a sus padres.
>
> Solo necesita comprender y amar.

Por amor a la verdad

Ya no necesitas tener miedo a conocer la verdad porque cuentas contigo para enfrentar el dolor. Estás en el aquí y en el ahora. Mírate como un adulto, capaz de cuidarte. Esto te dará fuerza. Solo necesitas de ti para sentirte seguro ante cualquier problema. Puedes resolver con la fuerza que te da conocer la verdad; ya no dependes del miedo. Si comprendes sin juzgar las causas de tu sufrimiento, también puedes comprender a tus padres. Ya no debes exigirles que respondan a tus necesidades, pues estás enfocado en resolverlas tú mismo. Sigue en el descubrimiento de tus fortalezas, avanzando hacia la reconciliación y el amor.

Ahora responde:

- ¿Qué voy a decirle a mis padres ahora que conozco su historia?
- ¿Qué puedo hacer por ellos?
- ¿Qué cambiaría de su pasado si pudiera hacerlo?
- ¿Cómo me siento después de conocer la verdad?
- ¿Qué voy a cambiar en mi trato hacia ellos?

- ¿Necesito seguir exigiéndoles que me amen?
- ¿Soy capaz de ser mi principal proveedor de amor?

Reflexión de paz

🕊 Después de responder estas preguntas, únicamente queda iniciar una relación en tu interior, donde veas a tus padres como los seres humanos que son, ya no caben las idealizaciones; no más tiempo perdido en exigencias y reclamos inútiles. Este es un aprendizaje. En tu crecimiento siempre te puedes acercar a ellos y compartir cuanto has aprendido hasta hoy. No necesitas exteriorizarlo, con solo percibir tu cambio de actitud ellos sabrán que has empezado a sanar.

❖ Cómo hablar con ellos de su historia

En caso de que después de reconocer su historia consideres que te gustaría conversar con ellos acerca del pasado que vivieron, si sientes la necesidad de comunicarles que comprendes su dolor, y que tu deseo es estar en paz, puedes pedirles que te cuenten más acerca de sus recuerdos. Al escuchar su historia, podrás notar que sientes algo muy distinto a lo que estabas acostumbrado. Ahora ya no sentirás ese dolor como algo ajeno a ti, sino cercano, pues es a tus padres a quienes les tocó sufrir así. Podrás conectarte con ellos; escúchalos con atención, déjalos hablar sin interrumpirlos, tratando de visualizar los sucesos y al niño que los vivió. Posteriormente, si lo consideras necesario, estas son algunas frases que te ayudarán a mejorar la comunicación entre ustedes.

❖ Expresiones que alivian
- No lo sabía.
- Lo siento.
- Comprendo la situación.
- Ahora lo veo diferente.
- Veo lo que has pasado.

Si tus padres no están contigo

Si tus padres ya fallecieron, puedes darles este reconocimiento dentro de ti, sin reprocharles no haber sido como te hubiera gustado. Solo necesitas aceptar que cuanto te dieron era lo único que podían ofrecer.

Si no creciste junto a alguno de tus padres, aun así puedes aprender a agradecerle haberte dado la vida, pues eso era lo que te podía dar y lo único que tú necesitabas de él.

Que alguno de tus padres solo te haya podido dar la vida, no significa que esté en deuda contigo. Darte la vida paga cualquier deuda. La elección de vivir bien te corresponde a ti.

Afirmaciones de amor

- ♥ Dejo que la compasión me invada y fortalezca. Permito que se lleve los malos recuerdos mientras me ayuda a sanar y a amar.
- ♥ La compasión dirige mi proceso de sanación cuando viajo a la infancia de mis padres y miro de cerca los acontecimientos que los hicieron ser como son.
- ♥ Permito que fluyan mis pensamientos amorosos. No quiero más dolor para mí.

La compasión permite conectar con el dolor ajeno, no para ponerle fin sino para ayudar a aliviarlo con un cambio de actitud.

Mi madre vive sufriendo por mi papá, aunque él se fue hace años con otra y ya ni se acuerda de nosotros. Mi hermano es adicto, pero ni eso la hace reaccionar. El otro día le dije que él ya estaba muy flaco y me contestó: "que se muera, ni modo". ¿Yo qué puedo hacer? Siento tanta tristeza por ella, su hijo se muere y es incapaz de ayudarlo.
Jenny (27 años)

Aptitudes de la compasión

Eres un adulto, ya no eres un niño, puedes hacerte cargo de ti. Ahora tienes frente a ti la causa del dolor que impide la felicidad en tu familia. ¿Necesitas seguir exigiendo a tus padres que cambien? ¿Puedes cuidar de ti? Sabes que puedes hacerlo. Ahora mismo sabes que puedes ser más fuerte, que ya no necesitas seguir siendo pequeño. Puedes sentir cómo te hubiera gustado cambiar la historia de tus padres para evitarles ese dolor. Esas nuevas sensaciones que empiezas a conocer se desarrollan al sentir compasión. Te las describiré para que las recibas con alegría, son esos dones que, despacio al principio, pero cada vez de un modo más consciente, tú mismo permites que fluyan en tu interior.

❖ Empatía

Sentir compasión por tus padres no significa tenerles lástima. Por el contrario, es tu oportunidad de conectar con ellos a través de sentir empatía por su historia, con el fin de lograr una mejor relación y dejar de sufrir.

Mediante la compasión puedes formar un vínculo con tus padres, si intentas reconocer y respetar sus circunstancias de vida.

Permite fluir tu compasión, porque así te será más sencillo mantener la serenidad ante sus demostraciones de dolor. Recuerda que no eres tú quien las ocasiona, sino su historia misma. Decide no sentirte responsable de lo que no te corresponde. No te preocupes por lo que antes creías que deberían ofrecerte. Mantén tu mayor disposición para dar una palabra de afecto y consuelo. Es todo lo que necesitas dar.

❖ Resiliencia

Encuentra reacciones distintas al dolor y cuando las descubras en ti, disfruta sentir que esa sed inmensa de ser aprobado y amado se ha terminado. Si percibes que aún mantienes algunas exigencias o conductas que dañan tu seguridad y autoestima, analízalas para que puedas hacerlas a un lado, comprendiendo que no tienen razón de ser. Esto también te ayudará a evitar conflictos con otras personas, pues comprendes que su historia de dolor no tiene relación contigo. Atrás quedan la culpa, el enojo, el resentimiento y la frustración. Respira, empieza a sentirte libre. Ya no hay que cargar conflictos ajenos. Ahora puedes concentrarte en mejorar en tu vida.

❖ Sensibilidad

Mira con amor y consciencia el sufrimiento ajeno. Niégate a juzgar, es mejor comprender que todos somos iguales, con el mismo derecho a vivir y con las mismas posibilidades de sufrir, enfermar y morir. Valora los eventos felices y enfrenta con serenidad los momentos de dolor inherentes a la vida humana. Mira con sensibilidad hacia el dolor ajeno y su raíz. Permanece abierto a los caminos que te llevan a sanar, no permitas que la responsabilidad de tu bienestar emocional recaiga en otra persona. Sé sensible contigo, cuídate. Deja que cada quien se haga cargo de las consecuencias de sus actos. Permite que tu sensibilidad disfrute el bienestar ajeno sin involucrarte en lo que no es para ti.

❖ Buena autoestima

Mírate con amor, sé compasivo también contigo. Sé tu mejor amigo. Aplaude lo que hagas bien, reconoce lo bueno que hay en ti. Siente tu vida y sonríe. No busques disminuir tu belleza, permite que tus ojos sean amorosos al descubrirte. Sonríe cuando comprendas las causas de las actitudes ajenas, para que seas todavía más abierto y generoso contigo mismo. Cuando se te presenten problemas, si crees que va a surgir el miedo o el dolor, recuerda sentir compasión por ti mismo. No te expongas a ser tu verdugo, no te exijas lo que no puedes dar. Elige darte otra oportunidad cuando sabes que lo mereces. O bien, elige desistir si la situación es imposible, sin aferrarte a circunstancias que no te favorecen o que te conducen al dolor. No te juzgues si te enojas, sientes frustración o resentimiento. Reconoce estos sentimientos como la consecuencia del desamor que sufriste. No te asustes al sentirlos, solo permíteles fluir. Sé tu amigo, date una mano cuando te sientas caído, y después, elige sentirte bien.

❖ Responsabilidad

Disfruta ser responsable de ti, cuídate, no necesitas intervenir en lo que no es para ti. Respeta la vida de tus padres y lo que ellos han decidido para su futuro, con las consecuencias de sus decisiones. Como hijo compasivo, sé bueno contigo y da hasta donde te sea sano dar. No intentes resolver los problemas de tus padres, recuerda que están resolviendo sus conflictos a su propio tiempo y aunque quieras, no puedes intervenir ni influir en ello. Mantén tu vida ocupada en sanar, pues así no querrás resolver ni cargar problemas ajenos. Vive como piensas, sin forzar a nadie a actuar según tu criterio.

❖ Ecuanimidad

Sé dueño de tus reacciones frente a las actitudes ajenas; que tus respuestas sean a través de la compasión y no del miedo. Esto te dará libertad. Mantén la compasión para no recibir las manifestaciones de dolor ajenas y para no reaccionar con enojo o decepción. Esto pondrá en equilibrio tus pensamientos, acciones y sentimientos. Siente compasión y convierte el dolor que recibes en amor; devuélvelo de igual modo. No necesitas convencer a tus padres de que están equivocados, porque puedes amarlos tal como son. Este amor ayuda a tus padres a dejar de ser impasibles, pues ven que los recibes ecuánime, sin censurarlos y sin exigirles cambiar.

❖ Bondad

Comprender que tus padres no son perfectos es determinante. Deja de idealizarlos, conócelos, acércate a ellos sin expectativas, desde una base distinta y nueva; donde su historia es tomada en consideración por ti. El camino que has llevado ahora te hace posible conocer un sentimiento diferente, el de la bondad. Esta te permite conectar con la raíz de tu historia y envolverla de amor. En vez de pelear con el pasado, exigiéndole haber sido de otra manera, acepta su designio porque permitió que vivieras. Deja que surja la bondad hacia ti, mira con amor y compasión aquello que aún duele, ya sin miedo al dolor. Tu bondad surge al envolver con compasión el sufrimiento propio y ajeno, junto con la necesidad de amor y aprobación.

❖ Paz

No te preocupes por las expectativas que tus padres hicieron de ti, tu vida te pertenece, encontrar tu camino y realizarte es tu meta. A través de la compasión, comparte con ellos esa paz que emana de ti, donde ya no hay censuras ni reclamaciones.

Acércate a tus padres en calma, cuando estés listo para ello. Esas limitaciones que algún día te impusieron ya no tienen efecto. Responde tranquilo, sin anteponer juicios, sin esperar que reaccionen según tus necesidades o para hacerte sentir bien. Recuerda que el amor que fluye de ti te permite sostener una relación diferente, donde puedes expresarte libremente. Esta nueva relación que proviene de ti permitirá a tus padres conocer otra parte de la paternidad, ya sin tantos miedos y sinsabores.

❖ Inclusión

Anímate a incluir a tus padres en tu corazón tal como son; sin exigir más de lo que te pueden dar; a sentirte en calma porque dejas de insistir en que se amolden a ti, a tus necesidades y deseos; a dejar de ser un pequeño necesitado, para convertirte en un adulto dueño de tus emociones y elecciones. Ahora tienes la capacidad para distinguir y alejarte de lo que no te hará bien y de las situaciones polémicas que no te ayudan a estar en paz. Una vez que incluyes a tus padres dentro de ti, te sientes tranquilo, seguro. Confías en ti, porque sabes que ahora eres el dueño de tu vida y tu corazón.

❖ Libertad

Eres libre cuando te conviertes en ese adulto que puede mirar el pasado sin vínculos de dolor. Amas pero desde el amor que tiene su origen en el amor a ti mismo y no al revés. El amor nunca puede ir unido al sometimiento. La libertad implica amar a tus padres hasta donde puedes hacerlo, no como ellos lo exijan. Si con las exigencias germina el sentimiento de dolor, la libertad evita dominar la razón. Si tus padres tienen una inagotable necesidad de pedir, se debe a que no saben ser su propia fuente de amor. Liberarte es aceptar que nunca podrás ser ni dar en la forma en que tus padres exigen y esto no está mal. Por lo mismo, no elijas someterte al miedo. Eres un adulto y nadie puede herirte si no lo consientes. Maneja tu libertad de manera sabia y pon límites a los demás.

❖ Serenidad

La serenidad surge cuando puedes recibir a tus padres en tu corazón tal como son, aceptando que no son perfectos y sin esperar que lo sean. Amando y sintiendo plenitud cuando expresas amor, aunque no puedan corresponder de la misma manera. La serenidad surge cuando quieres estar en paz, a pesar de las limitaciones que los separan; cuando puedes agradecer la vida que te dieron.

❖ Amor

Mereces amar y ser amado. Tus padres también. Tú puedes compartir con ellos esta forma nueva de vivir. No se trata de que les impongas tu aprendizaje, sino de que vivas con amor y respeto. A veces los padres ignoran cómo vivir bien. En este caso, el hijo siempre puede ser agradecido, mostrar alegría por su vida y por tener a sus padres para compartirla. Tu felicidad hace más ligera la carga que llevan tus padres, tu sonrisa es alimento para ellos. Puedes elegir compartir agradecimiento, confianza y esperanza. Ser amoroso, sin preocupaciones por las reacciones ajenas, sonreír con frecuencia. No te inquietes porque tus padres no vean de buena manera tu alegría, con el tiempo comprenderán que has sanado. No necesitas convencerlos de tu cambio de actitud, solo disfruta ese amor que sientes por tu persona, ese gusto que sientes por ser quien eres. Ofréceles ese amor incondicional que los hijos son capaces de dar, con esto sanará tu entorno. El amor que entregas salvará a tu familia, pero también a las generaciones venideras, porque nadie permanece indiferente cuando se siente amado.

El amor es alegría por la presencia del otro. Es gozo y plenitud. Tú puedes hoy empezar a demostrar amor a tus padres. Es sencillo.

Estas son unas frases con las que puedes expresar al hijo amoroso que eres.

Palabras de amor hacia los padres

Disfruto estar contigo.
Eres importante para mí.
Aprendo cuando te escucho.
Búscame cuando te sientas solo.
Me gusta abrazarte.
Cuentas conmigo.

Valoro tu presencia en mi vida.
Me siento feliz de ser tu hijo.
Me importa cómo te sientes.
Puedes confiar en mí.
Te llevo en mi corazón.
Te amo.

Reflexión de paz

Sentir compasión por ti y por tus padres ayuda a que dejes de repetir los mismos errores y que puedas sanar tus antiguas heridas. Esto te llevará a la sabiduría y a la serenidad. Cuando eres compasivo con tus padres, eres tú quien sana; por lo tanto, será inevitable que ellos te sigan. Para esto, revisa las siguientes acciones que puedes llevar a cabo para que la compasión no deje de fluir de ti hacia los demás.

Acciones de compasión

- Permite que tu bondad los cubra cuando veas las muestras de dolor en tus padres. Para eso, ten su historia presente así como la forma en que ha influido para convertirlos en lo que son ahora.
- Escucha y observa sus reacciones y sus reclamos practicando no sentirte agredido o amenazado, sino recordando la razón de su dolor. Al verlos desde otra perspectiva puedes desear que tus padres estén en paz, incluso poner de tu parte para que suceda.
- Envuélvelos en tus sentimientos bondadosos, así tendrás bajo control tus expectativas y serás dueño de tu persona. Tus reclamos y exigencias quedarán atrás.
- Con la alegría que emana de ti, ora porque estos seres, tus padres, se vuelvan también dueños de ellos mismos, para que puedan permanecer en un estado profundo de bienestar y alegría.

- Confía en la vida, permanece atento a tu necesidad de cambiarlos y déjala fluir. Sabes que no puedes impedir que tus padres vayan a donde tengan que ir. No exijas que estén donde tú quieres. Ten el firme deseo de que estén en paz en el lugar donde quieren estar.

Afirmaciones de amor

- ♥ La compasión me fortalece. Se lleva los malos recuerdos, me ayuda a sanar.
- ♥ Mi proceso de sanación florece cuando viajo a la infancia de mis padres y miro de cerca los acontecimientos que los hicieron ser como son.
- ♥ La compasión forma ese vínculo de amor que me permite respetar a mis padres al comprender la raíz de su dolor.
- ♥ Puedo aceptar mi historia sin resentimientos. La compasión también es para mí.

Para reflexionar

¿Qué es sanar?
Sanar es:

- ✓ Amarme y, a través de mí, amar a mis padres con plenitud.
- ✓ Agradecer la vida que viene a mí desde ellos.
- ✓ Convertir el dolor en amor y aceptación.
- ✓ Acercarme a mis padres sin miedo.
- ✓ Incluir a mis padres en mi corazón.
- ✓ Comprender quién soy hoy por mis raíces.
- ✓ No tener miedo al dolor, saber que lo puedo vencer.
- ✓ Amar mi historia, con sus facetas de alegría y dolor.
- ✓ Ser continuación de vida con alegría y asentimiento.
- ✓ Orientar lo que quiero hacer, sentir y pensar.
- ✓ Amar lo que soy y lo que me ha hecho así.
- ✓ Ver al prójimo en mí.
- ✓ Fluir con la vida.
- ✓ Generar el amor.

PARTE 5

GRATITUD

CAPÍTULO 10

AGRADECER

La gratitud permite soltar las pretensiones de ser amado desde la necesidad para amar desde la consciencia.

Me regaló cuando tenía dos años, y no le importó a quién,
solo quería deshacerse de mí. ¿De qué puedo estar agradecido con ella?
Jesse (49 años)

Uno de los valores esenciales para disfrutar la vida es la gratitud. Cuando el hijo valora la vida que le han dado sus padres, puede corresponder compartiendo su aprendizaje sin ataduras ni exigencias.

Los padres dan la vida y con ella transmitieron cuanto tenían, no hace falta más. Al hijo le corresponde agradecer lo recibido, porque es lo único que necesita; si algo le hace falta, puede ir a encontrarlo por sí mismo. El agradecimiento cambia la vida de todo ser humano, le da sentido.

En cambio, cuando no existe el aprendizaje de agradecer, se reniega de la vida. Dedicar tiempo a agradecer es fundamental si quieres sentirte en plenitud. Quien no agradece pierde la capacidad de disfrutar, incluso las cosas más hermosas le cansan.

Aléjate de esta actitud. Agradece, lánzate de lleno a encontrar esas razones que hacen tu vida maravillosa.

❖ Agradeciendo la vida

El agradecimiento se debe sentir desde lo más profundo del pecho y brotar hacia fuera con esa paz que lo alegra e inunda todo. Siente el agradecimiento germinar desde el fondo de tu corazón, sal al camino y recibe la felicidad que se acerca. El dolor ya no es una carga; tal vez tengas heridas que tardarán en sanar, pero acepta que estén ahí, sin robarte esa paz interior que tanto te ha costado alcanzar.

A través de la gratitud verás que tus padres te han dado suficiente, porque su aportación no se mide en cantidades. Te dieron cuanto necesitabas para salir adelante, ni más, ni menos. No midas lo que proviene de ellos, pues a pesar del dolor, las carencias te han fortalecido. Mira sus heridas y agradece por igual lo bello y lo doloroso, sin condiciones ni reclamos. Agradece también que por medio del dolor tomaste impulso para crecer. Ahora, tu compromiso es amarte a ti mismo para frenar el dolor que te transmitieron por generaciones; así podrás amar a tu descendencia de forma libre y sana.

Para reflexionar

✓ Cuando un hijo se ama a sí mismo, siente agradecimiento por la vida que le dieron sus padres.
✓ Se puede amar y manifestar el amor que genera movimientos de sanación.

❖ ¡Gracias, padres míos!

Agradece a tus padres por tu vida y nada más. Sin reclamos y sin exigencias. Agradece sintiendo paz. Habla con ellos, si ya no están físicamente, recuerda que una parte de ellos vive en ti y la llevas contigo siempre, dondequiera que vas. Agradece tu vida, acepta la que tienes; agradece que ellos hayan llegado primero y vivieron como tenían que vivir para que se diera el milagro de que tú nacieras. Tal como sucedió era necesario. Si los eventos hubieran ocurrido de otro modo, no estarías leyendo este libro, tal vez ni siquiera hubieras llegado aquí.

Agradece a tus padres por la alegría que hubo en su vida. También comprende y acoge cada momento de dolor, desde la fuerza que te brindan la comprensión y la compasión. Recuerda que de cada experiencia en tu vida surgieron las decisiones que formaron la persona que hoy eres. Es así de forma total, porque incluso lo que te agrada de ti, lo que te mantiene fuerte, también tiene sus raíces ahí.

❖ Gratitud consciente

Tus padres no necesitaron ser perfectos para darte vida. Toma consciencia de lo que ambos te brindaron, agradece la vida, tu vida, que surge de su unión. El amor que se transmite en la semilla de la vida ha estado presente en ellos. Por lo mismo, quienes fueron tus padres no pretendieron hacerte daño. Si lo hicieron fue por el mismo dolor que cargaban. Los padres desean que sus hijos fluyan, vivan y amen. Es lo natural en el amor, y es lo que permite que la vida continúe.

❖ Consciencia de vida

Sé consciente de la vida que ha llegado a ti, toma un momento para reflexionar en ello, sin darlo por sentado. Observa cuántas generaciones atrás formaron vínculos de amor para que llegaras aquí. Ahora eres parte de esta historia, negarte a aceptarla como tal es negarte a ti mismo. Ama tu vida, agradece tu historia, toma a tus padres naturalmente, ya sin enojos, demandas o expectativas. Mira la humanidad en ellos; mira lo que que los hace tan especiales sin perfección; son solo seres que sirvieron al amor y a la vida cuando les fue requerido. Toma su historia con gratitud, sin querer controlar o cambiar los sucesos. Permite que la vida fluya también a través de ti, para que sintonices con ella.

❖ Recibe su bendición

Ahora que sientes el poder de tu amor hacia ellos, puedes pedirles desde tu corazón que te bendigan dondequiera que estén. Una bendición de ellos para ti, para que por amor a los tuyos, seas el manantial por donde fluye el amor hacia las generaciones venideras. Después, también puedes bendecirlos.

Afirmaciones de amor

- ♥ El tiempo que utilizo en comprender mi historia cura el dolor transmitido a través de mí. Dedico tiempo a agradecer, fluyo ante la orden del tiempo que me permitió llegar aquí.
- ♥ Detecto el dolor familiar y lo detengo. Soy la última generación que transmite la misma historia de dolor hacia el futuro.
- ♥ Hoy me fortalezco para heredar amor a los que vienen. Saber que soy estandarte de paz me hace sentir mejor.
- ♥ Abro mi entendimiento hacia unos padres amorosos que se manifies-

tan felices de que puedo liberar mi carga de dolor y con esto enfilar mi vida hacia el amor.

Claro que existen los milagros. La vida lo prueba.

El milagro de vivir

A veces escuchamos a la gente decir que no valoramos lo que tenemos, eso es verdad. Vivimos sin percatarnos de ello. Incluso, podría parecernos aburrido hacer las cosas cotidianas. Sin embargo, vivir es un milagro, necesitas ser consciente de ello.

La muerte es parte de la vida y todos vamos a llegar a ella; aunque duela enfrentarlo, vamos a morir. Debes asumir que todas tus relaciones van a terminar en algún momento. No hay nadie de quien no vayas a separarte. Ya sea que te vayas antes o después, esa relación va a terminar.

Alexa

Alexa es hija de madre soltera. Como su padre vivía en otra ciudad, la comunicación que tenían se limitaba a unas cuantas llamadas ocasionales. Aunque él estaba pendiente de sus necesidades económicas, ella decía que estaba molesta por la falta de contacto. Le dolía su ausencia, pero no podía decírselo por miedo a lastimar a su mamá. Alexa me dijo que quería estar más cerca de su papá, pero no lo buscaba porque temía que él la rechazara.

Un milagro de verdad

Mostré a Alexa que su padre siempre la apoyaba y respondía sus llamadas; y le expliqué que si él no se acercaba, quizá se debía a que sentía también el mismo temor. Le comenté que la presencia de nuestros padres es un milagro en nuestras vidas; que el hecho de tenerlo al alcance de una llamada telefónica era su milagro, que recibiera el amor que de él provenía y no tuviera temor de manifestarle su cariño y de acercarse a él. Le dije que la vida de su padre era magia pura.

Una llamada

Alexa se conmovió y decidió llamar a su padre en ese momento. Le pedí que en cuanto escuchara su voz, agradeciera con todo su corazón la presencia de su padre. Después de tres timbrazos, él le contestó dulce y amoroso. A Alexa se le rodaron las lágrimas cuando le dijo que le llamaba solo para decirle que lo amaba y para saber cómo estaba. Su padre se emocionó también. Platicaron largo rato, ella le dijo que lo extrañaba, que se alegraba de que fuera su padre, que le agradecía que estuviera ahí. Él le dijo que la amaba y que le gustaría estar más cerca, que siempre la cuidaría y que se sentía afortunado de que fuera su hija.

Treinta días

Desde ese día, Alexa y su padre hablaron casi todos los días. Ella estaba feliz por esa comunicación con él. Un mes después de esa primera llamada su padre le marcó un sábado a mediodía y le dijo que un problema intestinal estaba poniendo en riesgo su vida, que fuera de inmediato a verlo, porque quizá no lo iba a alcanzar. Alexa y su madre partieron enseguida, pero cuando llegaron, él ya estaba agonizando. Horas más tarde murió sin recobrar la conciencia y sin darle el último adiós.

Un mes, solo ese tiempo tuvo Alexa para disfrutar el milagro de la vida de su padre; un mes para decirle que lo amaba; sin embargo, esos treinta días hicieron la diferencia. Alcanzó a decirle la falta que le hacía y él pudo corresponderle con ese amor seguro, noble y firme que un padre puede dar a su hija.

Afirmaciones de amor

- ♥ El milagro más grande es mi vida y la de mis seres queridos.
- ♥ Agradezco la sonrisa de mis hijos, la voz de mis padres, los besos de mi cónyuge, el apoyo de mis hermanos, la compañía y consejo de mis amigos.
- ♥ Puedo vivir con penurias, pasar hambres y hasta dolor físico intenso, pero si siento amor, soy fuerte y capaz de todo.

❖ Una rosa y un roble

Las personas que están en nuestras vidas van a permanecer con nosotros durante distintos tiempos; algunas son como las rosas. ¿Has visto las rosas crecer en tu jardín? ¿Cuánto puede vivir una rosa? Si tienes suerte y la has cuidado bien, serán quince días; con todo, el que viva poco tiempo no la hace menos hermosa. Llega a tu vida y lo llena todo de color. Te acercas y te embriaga su aroma. ¿Qué haces cuando tienes rosas o cualquier otra flor? ¿Qué haces cuando las miras? Te deleitas con su esplendor, captas sus colores y te sientes dichoso de que estén cerca de ti. Vas mirando cómo sus pétalos se transforman y un día de pronto descubres ese contorno reseco que te indica que todo va llegando a su fin. Quisieras detener el tiempo, hacer que su aroma dure un poco más, pero es imposible. Por eso, la atrapas con tu mirada y guardas su recuerdo en tu memoria. La vida de tus flores se ha marchado, pero, a pesar de ser tan corta, la disfrutaste y no por ello fue menos hermosa.

Ahora piensa en un inmenso roble. Es viejo, estaba en tu vida desde que naciste y quizá esté ahí cuando te vayas. Su color verde te ha acompañado siempre, su sombra está ahí para cubrirte. Cuando te acercas, sientes paz, estar un solo momento en su compañía te hace sentir más fuerte. Ese roble será tu compañía toda tu vida. Pero, a pesar de que sus colores no son vibrantes como tu flor, no por ello es menos hermoso ni importante.

Tenemos personas que son nuestras rosas. Alegres, llenas de color, nos dan un poco de sí, pero no duran mucho tiempo con nosotros. También hay compañeros de vida que serán como un roble, nos darán amor, seguridad y compañía. Viviremos momentos maravillosos con ellos. Sin embargo, las rosas y los robles no son iguales, viven tiempos diferentes. Son distintos en lo que les damos y nos dan. Pero ninguno es más hermoso que otro. Son parte de nuestra vida y nos piden que los disfrutemos mientras están cerca, para que, llegado el momento, los dejemos ir.

Ejercicio de gratitud

Piensa en las personas que han sido tus rosas. Recuerda cómo han llenado tu vida de color y alegría, a pesar del poco tiempo que tuviste para disfrutarlas.

Evoca ahora a tus robles. Aquellos seres queridos a quienes deseas cerca de ti. Piensa también en aquellos para quienes tú eres ese inmenso roble.

Agradece cada instante de tu vida junto a ellos, lo que compartieron, tu aprendizaje y cómo influyeron para hacer de ti quien eres hoy.

Para reflexionar

Con gratitud:

- ✓ Puedo dar y recibir amor.
- ✓ Cuido de mí.
- ✓ Soy responsable de mis metas e ilusiones.

✓ Recibo a mis padres en mi corazón, sin condiciones.
✓ Amo mi vida.
✓ Me siento feliz y en paz.

Reflexión de paz

Todas las personas en tu vida son distintas; llegan a tu vida para que las disfrutes, y se alejan dejando enseñanzas y amor. Aunque duren poco o mucho tiempo en tu vida, todos terminan por irse. Pero no porque la rosa dure solo quince días su estancia es dolorosa. Así como has aprendido a disfrutar su presencia, así es con las personas en tu vida. No importa el tiempo que duren junto a ti, sino el amor con que disfrutas su compañía.

Afirmaciones de amor

♥ Abro los ojos hacia el milagro que me da la vida cada día.
♥ Agradezco mi vida.

¡Gracias, padres míos, por darme la vida!

EPÍLOGO

Soy hijo de la vida; por lo tanto, soy hijo del amor.

Se lo daría.
Rose (33 años)

Amor de hijo

Ahora tienes la oportunidad de mirar con alegría tu futuro. Sabes que tu bienestar depende de comprender y amar tu vida, más que de la benevolencia de los demás. Esta nueva perspectiva te da la oportunidad de hacerte responsable de tu felicidad. Ahora comprendes que la idea de perfección es relativa; si el universo entero funciona perfectamente, tus padres podrían ser perfectos o imperfectos según se mire. Por eso, encuentras tan humanos a tus padres; con sus matices, sus desdichas y sus alegrías; con sus contradicciones y su forma de salir adelante: con sus miedos e inseguridades y con una inmensa necesidad de amor.

Tu padre y tu madre son hijos también de la vida. Ojalá siempre los veas así, con sus imperfecciones, pero haciendo lo que pudieron por ti. Cuando naciste, ambos anhelaban darte lo mejor, tú generabas sentimientos amorosos y lo sigues haciendo, hasta el día de hoy. En tus padres hay buena esperanza hacia ti, ambos desean que salgas adelante. A pesar de lo mucho que puedan haberse equivocado, quieren que disfrutes tu vida, que te sientas pleno y feliz. Que te ames a ti mismo de la forma en que no te supieron amar. Tus padres saben que si te amas a ti mismo, habrán triunfado en la vida.

Rose

Rose dice que la mujer a quien llama mamá no es su madre biológica. Es casi imposible que lo sea, ella tiene treinta y dos años y su madre noventa y uno. Aunque ignora por qué su madre la entregaría en adopción, imagina que la causa fue la pobreza. Quizá influyeron también la excelente posición económica de su madre adoptiva y su soledad. Rose dice que sus sentimientos fluctúan entre el dolor por el abandono y el deseo de sanar y estar en paz. Le pregunté:

—Rose, si en este momento entrara por esa puerta tu madre a la que nunca has visto y te dijera: "Hija, te estuve buscando para pedirte ayuda pues estoy gravemente enferma y voy a morir pronto. Necesito que me regales uno de tus riñones", *¿qué harías?*

Sin dudarlo un segundo Rose respondió: "Se lo daría".

Rose nunca ha visto a su madre y aún así tiene tanto amor en su corazón que continúa: "Es mi madre". La amo y quiero sanar todo el dolor que he pasado por no haber estado con ella.

❖ Todos somos hijos

¿Superar el dolor infligido y transformarlo en amor? ¿Quién es capaz de un amor tan grande y desinteresado? Solo un hijo. Ni siquiera un padre o una madre son capaces de amar así. Los padres aman con sus heridas a cuestas. El amor de los hijos es completo, porque necesitan la serenidad que da amar y ser amados. Esto no significa que no haya hijos capaces de causar dolor a sus padres; no obstante, la mayoría de estas acciones y su ingratitud, son la consecuencia del desamor y el dolor que los propios padres provocaron en ellos.

Desde nuestras heridas, los hijos ansiamos la reconciliación para que pueda fluir el amor. El amor de un hijo es absoluto, leal, imperecedero y fiel. Solo un hijo puede amar tanto a sus padres que, a pesar de nunca haberlos visto y de haber vivido con el dolor de su ausencia, basta con que su padre o su madre se acerquen a él para que quiera olvidar el dolor, recibirlos en su corazón y darles la mitad de su vida.

A fin de cuentas, si amar es tu anhelo, todos los caminos te conducen al amor.

El origen del amor

Una vez que comprendes que aquellos a quien tanto amas son iguales a los demás, y que no por el hecho de ser tus padres deben ser perfectos; una vez que te enseñas a amarlos y a recibir con gusto lo que te pueden dar, eres más fuerte. Ten la seguridad de que eso es cuanto necesitas. Eso bastará mientras comprendas que las limitaciones y carencias te fortalecen; que todo aquello que no pudieron ofrecerte, te lo puedes procurar a ti mismo o vas a luchar por obtenerlo. Eso te convertirá en alguien más sensato, leal, maduro, sereno, y agradecido.

Comprenderás que lo que no recibiste no hizo de ti una peor persona, sino alguien mejor, porque aprendiste a lidiar con ello. Vencer las adversidades de tu vida te dio fortaleza, no debilidad. Gracias a esto hoy te has encontrado a ti mismo.

Afirmación de amor

Más allá de los cielos y la tierra, el amor prevalecerá por siempre.
Vive dentro de mí, y lo gobierna todo.
Calla si lo obligo a guardar silencio,
pero ilumina mi vida cuando le permito hablar.
Hace de mí eco con el universo.
Confía en mí, aun cuando yo no confíe en el amor.
Soy hijo del amor, porque el amor es el origen de todo.
Y por eso,
el origen del amor soy yo.

Lecturas sugeridas

Ajuriaguerra, J. (2007). *Manual de Psiquiatría Infantil*, Issy-les-Moulineaux: Elsevier–Masson.

Barudy, J. (1998). *El dolor invisible de la infancia*, Barcelona: Paidós.

Brenner, A. (1988). *Los traumas infantiles. Cómo ayudar a vencerlos*, México: Planeta.

Estrada, L. (1991). *El ciclo vital de la familia*, México: Posada.

Forward, S. (2013). *Padres que odian*, Barcelona: DeBolsillo.

Fossum, M. y Mason, M. (2003). *Familias adictas y abusivas en recuperación*, México: Pax/Librería Carlos Cesarman.

Freud, S. (1993). *Introducción al narcisismo. Obras Completas. Tomo XIV*, Buenos Aires: Amorrortu Editores.

Fromm, E. (2006). *El arte de amar*, Barcelona: Paidós.

Finkelhor, D. (2005), *Abuso sexual al menor*, México: Pax México/Librería Carlos Cesarman.

Garriga, J. (2010). *¿Dónde están las monedas?*, México: Océano.

Goleman, D. (1996), *Inteligencia Emocional*, Barcelona: Kairos.

Guerrero, R. (2015). *Por tus hijos te conocerán*, México: Pax México/Librería Carlos Cesarman.

Hellinger, B. (2001). *Órdenes del amor*, México: Herder.

Hernández, A. (1997), *Familia, ciclo vital y psicoterapia sistémica breve*, Ciudad de Guatemala: El Búho.

Hirigoyen, M. (1999). *El acoso moral. El maltrato psicológico en la vida cotidiana*, Barcelona: Paidós.

Lindgren, H. (1984). *Introducción a la psicología social*, México: Trillas.

Mello, A. (2010). *Despierta: peligros y posibilidades de la realidad*, México: Gaia.

Perrone, R. y Nannini, M. (1998). *Violencia y abusos sexuales en la familia*, Barcelona: Paidós.

Piaget, J. y Inhelder, B. (1984). *Psicología del niño*, Madrid: Morata.

Portellano, J. (2005). *Introducción a la neuropsicología*, México: McGraw Hill.

_____ (2005). *Neuropsicología infantil*, Madrid: Síntesis.

Ramírez, A. (2013). *Un método científico para afrontar el miedo y la tristeza*, Salamanca: Amaru Ediciones.

Sullivan, E.D. y Everstine, L. (1997). *El sexo que se calla*, México: Pax México/Librería Carlos Cesarman.

ACERCA DE LA AUTORA

Raquel Guerrero es también la autora del libro *Por tus hijos te conocerán*, de Editorial Terracota. Es licenciada en Terapia de la Comunicación Humana, con maestría en Psicología Clínica. Es diplomada especializada en Neuropsicología Infantil, Dificultades de Aprendizaje, Trastornos del Desarrollo Infantil, Dificultades de Lectura, Escritura y Cálculo, Relaciones Familiares, Educación Parental, Literatura, Desarrollo Personal, Habilidades de Liderazgo, entre otros.

Tiene una amplia trayectoria como conferencista invitada en más de 150 eventos nacionales e internacionales. Además, ha participado en talleres y congresos en México y en otros países como Colombia, Costa Rica y Ecuador. Es invitada permanente en diferentes programas de televisión y radio, así como invitada especial en programas de opinión, educación y desarrollo humano. Asimismo, cuenta con numerosos artículos enfocados al bienestar de la familia publicados tanto en prensa escrita como en revistas, medios electrónicos y redes sociales. Por lo mismo, ha recibido numerosos reconocimientos a su trayectoria académica y profesional, entre estos la Medalla al Mérito Académico Benito Juárez.

Imparte talleres, conferencias y cursos relacionados con el desarrollo personal, bienestar para la mujer, bienestar para la familia y relaciones entre padres e hijos, de manera personal o grupal en empresas e instituciones educativas. Como experta en el diagnóstico y tratamiento de problemas de aprendizaje, lenguaje y conducta, atiende de manera particular en Victoria de Durango, Durango.

Puedes encontrar sus artículos en:

Blog: raquelgro.com

Facebook: Raquel Guerrero, página personal y Raquel Guerrero, escritora. Si tienes interés en una consulta, conferencia o taller, puedes contactarla en:

Correo electrónico: raquelgro@hotmail.com

¿Por qué mis padres no me aman?
se terminó de imprimir en la Ciudad de México
en febrero de 2022 en los talleres de Impresora Peña Santa S.A.
de C.V., Sur 27 núm. 475, Col. Leyes de Reforma, C. P. 09310,
Ciudad de México. En su composición se
utilizaron tipos Bembo Regular
y Bembo Italic.